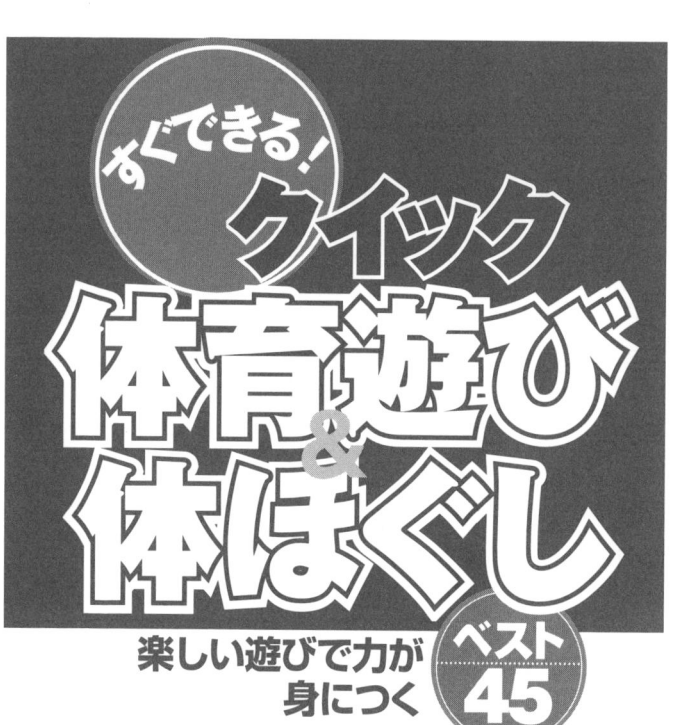

すぐできる！クイック体育遊び＆体ほぐし

楽しい遊びで力が身につく ベスト45

黒井信隆
【編著】

いかだ社

はじめに

　本書は、これまで出版された『体育遊びゲーム　ワンダーランド』、同『PART2』(いかだ社刊)に新しく種目を付け加え、再構成し、書き改めたものです。

　最近特に、子どもたちの「運動機能」の低下が見られます。

　このような今日の子どもたちの＜からだ＞の変化に対応して、体育の授業で＜体ほぐしの運動＞という教材が取り上げられるようになりました。このことばには、＜体をほぐす＞意味と＜運動遊び・からだ遊び＞の意味が含まれています。＜体ほぐしの運動＞については、「体と心を一体として」捉え、感情や理性も豊かなものにしていく必要があるでしょう。

　子どもが親しみやすい運動遊びの中に、幼児・小学校低学年で身につけなければならない身体・運動感覚を豊かに含んだ運動を取り入れる必要性がますます求められています。

　幼児・低学年では、次の３つの＜基礎的な運動感覚＞を身につけることを通して＜運動技能の基礎＞を築くことが大切です。

①姿勢をコントロールする運動感覚
②物や人の動きを予測・判断する運動感覚
③スピードやリズムをコントロールする運動感覚

　この３つの運動感覚を身につけるためには、自分の体を動かし、友だちと一緒に体育遊びをする楽しさを味わいながら取り組む姿勢が欠かせません。また、子どもたちが、できなかったことができるようになったという成功感・達成感を味わうことも重要です。
　自分の気持ちを先生や友だちに伝え、自分も友だちも楽しめる決まりやルールに創り変えていき、体育遊びをより楽しいものに高めてください。
　準備や後片付けなども先生や友だちと一緒におこなうようにしましょう。
　どの子も、できる感動を味わい、体育遊びが好きになってくれることを願っています。本書が少しでもその役に立つならば嬉しく思います。

黒井信隆

Contents 目次

1 体ほぐし
- ブリッジ遊び……6
- 背中あわせとシーソー遊び……8
- 動物歩き遊び……10
- 組立て遊び……12
- ヘビの皮むき・人間知恵の輪……14

2 固定施設の遊び
- ジャングルジム遊び……16
- うんてい遊び……18
- ろくぼく遊び……20
- 平均台遊び……22
- のぼり棒遊び……24

3 マット遊び
- ころがり遊び……26
- 前まわり遊び……28
- バランス遊び……30
- お話マットモデル……32
- お話マット発表会……34

4 鉄棒遊び
- 鉄棒遊び①……36
- 鉄棒遊び②……38
- 足ぬきまわり連続……40
- 鉄棒連続技モデル……42
- 鉄棒発表会……44

5 とび箱遊び
- 片足ふみとび遊び……46
- 両足ふみとび遊び……48
- 馬とび遊び……50
- ひねり横とびこしほか……52
- ホップ側転ほか……54

6 ボール遊び
- じゃまじゃまサッカー遊び……56
- ドリブル・パス遊び……58
- ラグサッカー遊び……60
- ワンベースボール遊び……62
- タッチ・ゲーム遊び……64

7 陸上遊び
- 十字おにごっこ……66
- コーンまわり走……68
- ジグザグダンボール走……70
- 的投げ遊び……72
- もうじゅうがり遊び……74

8 水遊び
- 水中呼吸法……76
- おじぞうさんごっこ……78
- 十字浮き遊びほか……80
- もぐりおにごっこ……82
- ドル平で泳ごう……84

9 なわとび すもう遊び
- 短なわ遊び①……86
- 短なわ遊び②……88
- 長なわ遊び……90
- すもう遊び……92
- バランスくずし遊び……94

ブリッジ遊び

ねらい 体を後ろに曲げることにより、柔軟性を身につけ、いろいろなブリッジを工夫することができる。

対象年齢 全学年　**人数** 1人～グループで

1 体ほぐし

やり方・ルール

1. 足を開いて立ち、上体を後ろに曲げる。
2. 上体を後ろに曲げたままジャンケンをする。
3. ひざをついて上体を後ろに曲げる。頭をつけたらまた上体を起こす。
4. いろいろなブリッジをつくってみる。

ブリッジくぐり遊びをしよう

何人かでブリッジをつくり、その下をくぐる。

立ったままブリッジ

体を後ろに曲げてジャンケン

指導のポイント

はじめは上向きに寝て、両手両足を曲げて床につけてから、体を持ち上げるようにしてやるとよい。これでブリッジの形がわかったら、いろいろな方法でブリッジをつくってみる。

ひざをついてブリッジ

1 体ほぐし

ブリッジのいろいろ

下からブリッジ

上からブリッジ

歩いてブリッジ

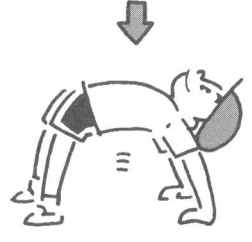

（腕をしっかり伸ばそう）

ブリッジくぐり遊び

背中あわせとシーソー遊び

ねらい 2人組になることにより、柔軟性を養い、背中をあわせたいろいろな遊びを工夫することができる。

対象年齢 全学年　**人数** 2人1組

1 体ほぐし

やり方ルール

1. 2人で背中あわせに座り、揺らしたり、かるく相手の上に乗ったりする。
2. 呼吸をあわせて一緒に立ち上がる。
3. あぐらで背中をあわせ、一方の背中に体重をのせる。これを交互におこなう。
4. いろいろなシーソー遊びを工夫する。

揺らしたり、かるく乗ったり

一緒に立ち上がる

指導のポイント

いろいろな体勢で体を動かすことにより、気持ちがいいことがわかるようにする。

あぐらで背中あわせ（交互に体重を乗せる）

シーソー遊びのいろいろ

背中あわせで歩く

背中をドッキングさせる

交互に下を向いたり上を向いたり

両手を握りあう

手をあわせて交互に押しあう

交互に姿勢を変え引きあう

1 体ほぐし

動物歩き遊び

ねらい いろいろな動物になって歩くことにより、体重の重心移動がうまくできるようにする。

対象年齢 幼児、低学年

1 体ほぐし

1. 犬のように歩く。
2. ねこのように歩く。
3. いろいろな**カニ歩き**をする。

    ①カニ歩き……両脚の内側から腕を差しこんで足首をつかみ、腰を落としたまま歩く。

    ②上向きカニ歩き……後ろに両手をついて体を起こし、前後左右に歩く。腰を伸ばして平らにする。

    ③上向きカニ走り……上向きカニ歩きの体勢から、前後左右に走る。

4. **あざらし歩き**をする。
   両手を前について腰を伸ばし、両手だけで歩く。

5. **ヘビ歩き**をする。
   はらばいになってひじをつき、体をくねらせながらひじで歩く。

6. **しゃくとり虫歩き**をする。

    ①両手を前について腰を高くあげる。

    ②両手で3歩ほど歩く。

    ③よく腰を伸ばす。

    ④一気に腰を引きあげる。

指導のポイント

同じ歩き方でも、歩幅やリズムを変えて、楽しみながらいろいろな歩き方ができるようにする。

1 体ほぐし

犬歩き　　　　　　　ねこ歩き

カニ歩き　　　上向きカニ歩き　　上向きカニ走り

あざらし歩き　　　　ヘビ歩き

しゃくとり虫歩き

組立て遊び

ねらい グループで協力して、いろいろな組立て遊びを工夫する。

対象年齢 中・高学年

人数 2人以上

1 体ほぐし

やり方・ルール

1. **2人組で支える。**
   はしご　倒立　すべり台　肩車　サボテン
2. **3人組遊びをする。**
   飛行機　3人すべり台　ゲート　かんむり　いかり
   ピラミッド（2段）
3. **4人組遊びをする。**
   テント　4人組いかり（中央の人が肩車をする）
4. **5人組遊びをする。**
   やぐら　扇
5. **その他の組立て遊びをする。**
   朝顔　ピラミッド（3段）

はしご

すべり台

倒立

指導のポイント

できるだけペアやトリオなどのメンバーを固定して練習し、身長・体重を考えて役割分担させる。

ヘビの皮むき・人間知恵の輪

ねらい グループで協力して、体を動かす心地よさに気づき、いろいろな遊びを工夫することができる。

対象年齢 中・高学年

人数 1グループ10人くらい

ヘビの皮むき

1. グループごとに縦1列に並び、腰をおろす。
2. 足を広げ、前の人はその間にすわるようにする。
3. あおむけに寝て、後ろの人の足の下に手を通す。
4. 後ろの人の腰をつかみ、足をのばす。
5. 後ろの人から順に立ちあがる。その時、手を放さないように腰をしっかりつかむ。
6. 皮をぬぐように、引っぱられて順々に立ちあがっていく。

人間知恵の輪

1. グループごとに手をつなぎ、円になる。
2. 手を放さずに知恵の輪をつくる。
3. スタートの合図でそれをほどいて元の円にもどす。

指導のポイント

ゲーム感覚でグループどうしが競争すると、盛りあがっておもしろい。

1 体ほぐし

ヘビの皮むき

人間知恵の輪

この手は？

あれ？

1 体ほぐし

ジャングルジム遊び

ねらい
☆逆さ感覚、回転感覚、腕支持能力、バランス感覚などを養う。
☆登ったりおりたり横つたいに歩きながら、空間でのバランス能力を養う。
☆登りおりや横移動をしながら、おにごっこができる。

2 固定施設の遊び

やり方ルール

対象年齢 幼児、低学年
人数 1人、グループ

1. 手足を交互に使って、ジャングルジムを登ったりおりたりする。
2. 今度は、低い1～2段を使って、ジャングルジムの外回りを横歩きする。
3. 慣れてきたら、高い所の段を使って2を繰り返す。
4. ジャングルジムの中ほどを使って、犬歩きなどで歩いたり、体を伸ばして腹ばいになったり、いろいろな遊びを工夫させる。自分の考えたポーズは名前をつけて発表させる。

ジャングルジムおにごっこをしよう

①鬼は最初1人にして、だんだん2人、3人に増やしていくとよい。時間は1分くらいにする。
②グループ対抗で、鬼にタッチされない人数が多いチームを勝ちにしてもおもしろい。

指導のポイント

☆登りおりは、足の運びと手の運びがリズミカルに交互にできるようにする。
☆重心を移動したりバランスをとるために、両手でしっかりパイプを握って体重を引き上げたりする遊びを繰り返しておこなうようにする。
☆おにごっこの時間は、少し短いと感じる程度で数回おこなう方が有効。

うんてい遊び

ねらい
☆両手でぶらさがり、上体を振って、タイミングよく前方・側方に移動できるようにする。
☆うんていを使った遊びを通して、けん垂力や空間での身体支配能力を養う。

対象年齢 幼児、低学年
人数 1人、2人組

2 固定施設の遊び

やり方 ルール

1. 両手でぶらさがり、体を振ったりする。体を振った時、一方の手を持ちかえるタイミングをつかむ。
2. 手を交互に持ちかえ、横パイプを1つずつ前方に進む。
3. 今度は2を1つおきに進む（1つとばし）。
4. 次に、側方に1つずつ移動できるようにする（横わたり）。
5. うんていの上を四つ足で歩いたり、立って歩いたりする（はしごわたり）。
6. 慣れたら、体を前後・左右に振ったり、足たたきをしたり、2人組になって足ジャンケンなどをしたりして、足の動きに変化をつけてみる。

うんてい足ジャンケンをしよう

グー＝足を閉じる　　チョキ＝足を前後に開く
パー＝足を横に開く

指導のポイント

けん垂力の弱い子どもには、体の振りと持ちかえのタイミングをつかませるために補助しながら、自分で遊びを工夫させる。

ろくぼく遊び

ねらい
☆両手両足を交互に使って、高い所に登れるようにする。
☆高さに慣れ、いろいろな動きやゲームを工夫する。

対象年齢 幼児、低学年
人数 1人、グループ
用意するもの マット

2 固定施設の遊び

やり方・ルール

1. はじめに1段から、手足を交互に使って、ゆっくり横につたい歩きをする。
2. 今度は、2段・3段・4段と少しずつ上げてゆき、高い所を横歩きする。
3. 慣れてきたら、片手・片足を放したり、1周まわってもどってきたりする。
4. 次に、両手両足を交互に使って、高い所まで登ったりおりたりする。
5. 慣れてきたら、手や足を放してぶらさがったりする。

ろくぼくドンジャンをしよう

①2グループに分かれ、ろくぼくの一角にそれぞれの陣地を決める。
②そこから横づたいに渡り、出会ったところでジャンケンをする。
③勝ったらそのまま進み、負けたら次の子どもと交代する。
④相手の陣地に先にタッチした方の勝ちとする。

指導のポイント

☆横歩き・登りおりを十分にさせてから、片手・片足で体を支えられるようにする。
☆恐怖感を取り除くために、ろくぼくの下にマットを敷いてやるとよい。

横につたい歩き　　片手・片足を放す　こうもり

ろくぼく遊びのいろいろ

登りおり　両手ぶらさがり　おなかで支える　くぐりぬける

ろくぼくドンジャン

2 固定施設の遊び

平均台遊び

ねらい
☆体のバランスをとりながら、前や横に歩いたり、立ったりすわったりできる能力を養う。
☆平均台を使ったいろいろな遊びやゲームを工夫させる。

対象年齢 幼児、低学年
人数 1人、グループ

2 固定施設の遊び

やり方・ルール

1. バランスをとりながら、前方や側方に歩く。
2. 四つ足で前方に歩く。
3. バランスをとりながら、立ったりすわったりし、片足で立つようにする。
4. 平均台を2本平行に並べたり、縦に2本つないだりすると遊びも多様になってくる。

平均台ジャンケンをしよう

①平均台を縦に2本つなぐ。
②2グループに分かれ、平均台の両側にそれぞれ並ぶ。
③両グループ最初の人が前に進み、出会った所でジャンケンをする。
④勝った人はそのまま進む。負けた人は下におりて次の人がスタートする。再び相手と出会った所でジャンケンをする。
⑤ジャンケンに勝ち、早く相手側の陣地に着いた方を勝ちとする。

指導のポイント

☆日常生活の中でバランス感覚を養う遊びが少なくなってきているので、いろいろな遊びを工夫させて、遊ばせるようにする。
☆恐怖感をとりのぞくために、平均台の下にマットを敷いてやるとよい。

2 固定施設の遊び

前に歩く　　横に歩く　　四つ足で歩く

立ったり　　すわったり　　片足で立つ

平均台を2本並べて

ジグザグに歩く　　両足とびで歩く

平均台ジャンケン

のぼり棒遊び

ねらい
☆両手両足を使って高い所に登り、高さに慣れ、けん垂の能力を養う。
☆のぼり棒を使ったいろいろな遊び・ゲームを工夫させる。

対象年齢 幼児、低学年
人数 1人、グループ

1. 手を放さないで棒にしっかりつかまり、両足の裏側で支える。
2. 両手を伸ばしてしっかり握り、両足を引きつける。両手両足を交互に使って棒に登る。
3. おりる時は2と反対に、両手両足を交互に使ってゆっくりスピードをコントロールしながらおりる。
4. 片手放し、逆立ちバランスなどいろいろな遊びを工夫する。

のぼり棒鬼ごっこをしよう

①鬼を1人決め、他の人は10数える間に逃げる。
②鬼はその後、のぼり棒を登ってタッチしていく。タッチされたら鬼は交代する。

指導のポイント

両手でしっかり握り、上体を引きつける。その時、足の裏を使って登り、上体を支えるようにする。

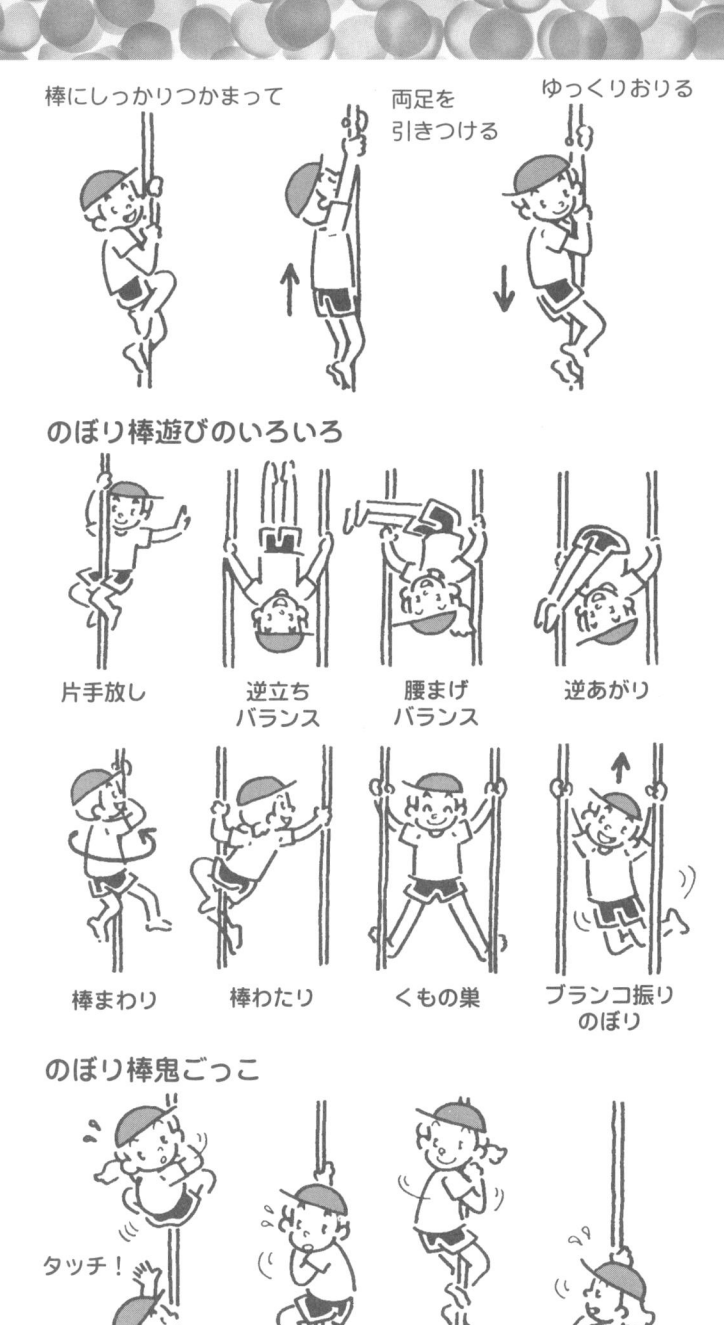

棒にしっかりつかまって　両足を引きつける　ゆっくりおりる

のぼり棒遊びのいろいろ

片手放し　逆立ちバランス　腰まげバランス　逆あがり

棒まわり　棒わたり　くもの巣　ブランコ振りのぼり

のぼり棒鬼ごっこ

タッチ！
鬼

ころがり遊び

ねらい いろいろな「ころがり遊び」を工夫し、回転感覚・方向感覚を身につける。

対象年齢 幼児、低・中学年
人数 1人、2人、1チーム6〜7人

やり方ルール

1 マットの上に手足をしっかり伸ばし、体をひねって左右自由にまわる。自分でまわるほか、ペアになって相手にころがしてもらう（丸太ころがし）。

2 次に、2人で手をつないでまわってみる。足をつかんだ状態でもやってみよう（2人横ころがり）。

人間ローラー・人間あおむけローラーをしよう

①ロングマットを2枚、長くつなげて敷く。1チーム6〜7人。

②横まわりする5〜6人の上に1人がうつぶせで乗り、次々と回転しながら進む。

③チームごとにいっせいに始めて、マットの端に先に着いたチームを勝ちとする。

④いろいろ工夫して、あおむけに乗ってやるのもおもしろい（人間あおむけローラー）。

指導のポイント

人間ローラーは、お互いに声をかけあいながら回転することが大切。

3 マット遊び

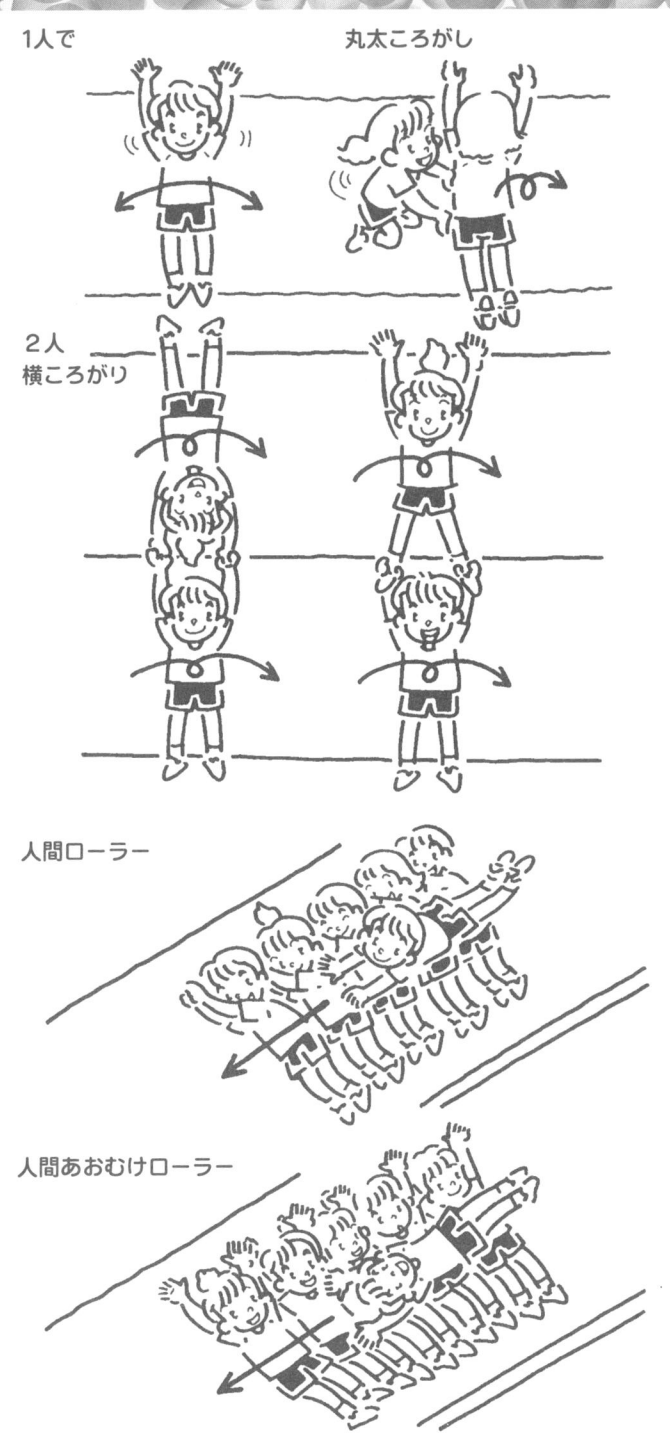

前まわり遊び

ねらい
☆回転することにより、回転感覚や空間での位置感覚を身につける。
☆体をまるめて小さく前へ回転しながら、起きあがるタイミングをとらえる。
☆いろいろな前まわりを工夫することができる。

やり方 ルール

対象年齢	全学年
人数	1人、2人1組

1 前まわりは、両手を肩はばにつき、手のひらを平らにまっすぐつく。
2 頭を中に入れ、背中をまるくする。
3 頭の後ろ、首、背中の順序でゆっくりころがる。
4 最後にひざをまげて、手を前にだす。
5 いろいろな前まわり遊びを工夫してみる。

おがみまわり連続

①両手をあわせて、ひじをしっかりマットにつける。
②頭を深く両ひじの中に入れる。
③腰を高くあげて連続してまわる。

手つなぎ前転

２人で手をつなぎ、前まわりをする。声をかけあいながらやるとよい。

2人連続前転

お互いの両足首を持って、前まわりの要領で連続して回転する。

指導のポイント

２人連続前転は、お互いに自分のおへそのあたりを見ながら、ひざをまげて、声をかけながらおこなうようにする。

前まわり

3 マット遊び

前まわり遊びのいろいろ

おがみまわり連続

手つなぎ前転

1.2の3でまわろう！

うん！

2人連続前転

バランス遊び

ねらい いろいろなポーズで静止することで、バランス感覚を身につける。

対象年齢 全学年

3 マット遊び

1 片ひざ立てバランス
①顔をあげて、目は正面を見、両手をつく。
②片ひざで立ち、もう一方の足をのばして上げる。足先に力を入れ、足首やひざをのばして静止する。

2 V字バランス
①背中をのばして、後ろに両手をつく。のばしてマットについた腕とマットとでできる形が三角形になるようにする。
②両足をそろえて、ひざをのばしてあげる。足先に力を入れてのばし、目は足先を見るようにする。

3 水平バランス
①顔をしっかりあげ、前の1点を見る。
②ひざと足先をのばして片足を後ろに高くあげて反るようにする。

4 その他、いろいろなバランスを工夫する。

--- **指導のポイント** ---

体がふらつかないようにするために、真正面に目標物となる目印を置いて、集中して見るようにする。

片ひざ立てバランス

V字バランス

水平バランス

バランス遊びのいろいろ

左手を下におろす　　両足を持つ　　足首を持つ

3 マット遊び

お話マットモデル

ねらい 側転を含めた「遊び」を工夫して、お話をつくることができるようにする。

対象年齢 幼児、低・中学年
人数 グループごとに取り組む

3 マット遊び

やり方ルール

1. 同じ種目を2度続けてもよい。2度使うことによって、よりよりリズムをつくる。
2. 大きな技（転回系）から回転系のつなぎを考える。
3. つなぎやすい技……側転→前転、側転→バランス、側転後ろ向き→片足後転など。

お話マットモデル 例1

はじめます！／くまさんが／川をとびこえ／ころんだよ／はい、ポーズ！

（くま歩き）　（側転）　（前転）　（好きなポーズで）
　　　　　　　　　　　　　　　　（バランス技）

指導のポイント

モデル学習でお話マットのイメージを持たせてから、グループでお話マットをつくる。できるだけ子どもたちが考えた技を認め、自由につくらせる。技のつなぎ方を工夫させ、より質の高いお話マットにする。

お話マットモデル 例2

お話マットモデル 例3

お話マット発表会

ねらい みんなで話しあって考えたお話を練習し、それをクラスのみんなの前で発表する。

対象年齢 低・中学年
人数 グループごとに取り組む

3 マット遊び

やり方ルール

1 ここでは、子どもたちのつくったお話マットを子どもどうしで見あって確かめあい、大きな拍手を演出するような工夫を考える。

2 審査基準例
① 「はじめ」と「終わり」(ポーズ)がはっきりし、きちんとできているか。
② 種目と種目のつなぎがうまく途切れないで工夫されているか。
③ 工夫された種目があるか。

お話マット　グループ創作例1

はじめます！　　くまさんが　　川をわたって　　石にけつまづいて　　はい、ポーズ！

（くま歩き）　（側転）　（前転）　（ポーズ）

指導のポイント

☆側転では足や腰がのびてきれい。
☆前まわりがゆっくりできている（低学年では少し難しいようだが、もう少し具体的にだして、子どもたちと一緒に審査基準を考えていくようにする）。

お話マット　グループ創作例2

はじめます！
アザラシさんがさんぽして
魚を見つけて

（アザラシ歩き）　　　　　　　　（側転）

もぐって
はい、ポーズ！

（前転）　　　（ポーズ）

3 マット遊び

お話マット　グループ創作例3

はじめます！
ラッコさんが
もぐってもぐって
貝を見つけて

（ラッコ歩き）　　（後転）　　（前転）

大よろこび
はい、ポーズ！

（側転）　　（ポーズ）

鉄棒遊び①

ねらい 手や足でいろいろなぶらさがり方を工夫して、自分の体を支える感覚、逆さ感覚を身につける。

対象年齢 幼児、低学年
人数 1人、2人1組
用意するもの：フープ　ボール

4 鉄棒遊び

やり方ルール

1 フープとび
①鉄棒を握り、地面に置いたフープの間を左右にとぶ。
②慣れてきたら、リズムを早くしたりフープの間を広げたりする。

2 ボールけり
①鉄棒の下に置いた（転がした）ボールを、鉄棒にぶらさがったままける。
②片足や両足でけってみる。

3 ボール運び
①鉄棒の下に2つのフープを用意し、一方にボールをいくつか置く。
②ぶらさがったまま、足でボールをはさんでもう一方のフープに移す。

4 つばめ足ジャンケン
①向かいあった鉄棒に2人がそれぞれつばめになってつかまり、ジャンケンをする。
②グー＝足をとじる。　チョキ＝足を前後に開く。
パー＝足を左右に開く。

5 その他、ふとんかけジャンケンなどもおもしろい。

指導のポイント

ここでは、手足を使ったいろいろなぶらさがり方をして、自分の体重を支え、ゲーム化して取り組むようにする。

4 鉄棒遊び

フープとび

ボールけり

ボール運び

つばめ足ジャンケン
パー　チョキ　グー

ぶらさがり遊びのいろいろ

ふとんかけ

ふとんかけジャンケン

足たたき

こうもりジャンケン

けんすい振り

自転車こぎ

鉄棒遊び②

ねらい
☆鉄棒の上にあがったり、腕支持で体を支えたり、バランスをとったりできるようにする。
☆高さに対する恐怖心を取り除き、回転感覚・逆さ感覚などを身につける。

対象年齢 幼児、低学年

人数 1人、2人1組

やり方・ルール

1 とびあがりおり
①やや低い鉄棒にとびあがる。
②腰やひざをできるだけのばす。
③その後、静かにとびおりる。

2 前まわりおり
①「とびあがりおり」①②の要領でとびあがって、腕立ての姿勢をとる。
②鉄棒におなかをのせ、おへそを見ながらゆっくりまわる。
③足を鉄棒から放さないでまわり終える。
④静かに地面におりる。

3 いろいろな遊びを工夫してみる。

指導のポイント

腕立ての姿勢から腰をまげ、ゆっくりまわり、足をおろす。その時、手首がまわって、強く握り返すところを意識させる。

とびあがりおり

前まわりおり

鉄棒遊びのいろいろ

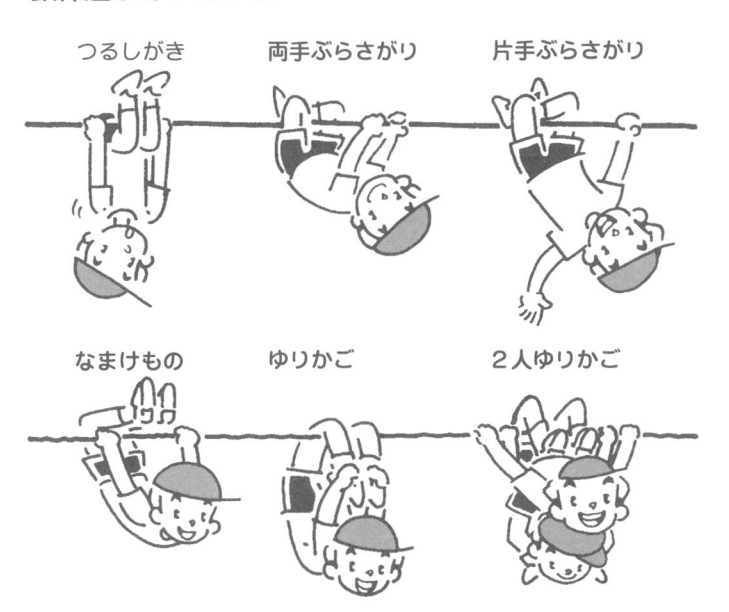

つるしがき　　両手ぶらさがり　　片手ぶらさがり

なまけもの　　ゆりかご　　２人ゆりかご

4 鉄棒遊び

足ぬきまわり連続

ねらい 足のけりあげのタイミングを身につけ、逆さ感覚・回転感覚などを養う。

対象年齢 幼児、低学年

4 鉄棒遊び

やり方・ルール

1 足ぬき前まわり
①後ろに手をあげて鉄棒を握り、地面をけって腰からあげる。
②足をたたんで両手の間に入れ、前にまわっておりる。

2 足ぬき後ろまわり
①片足を振りあげてから、もう一方の足で地面をけって、両足をそろえて上にあげる。
②両足をたたんで両手の間に入れ、後ろにまわっておりる。

3 足ぬきまわり連続
前まわり・後ろまわりを交互にして、「足ぬきまわり連続」をおこなう。

4 地球まわり
①鉄棒に両足をかけ、足の間で腕を交差して鉄棒を握る。
②ひざを肩の方に引きつけ、腰を高くあげる。
③両足を鉄棒から放すと、体は交差した腕を支点として横に回転していく。

指導のポイント

☆足ぬき前まわりの時は、お尻を引きあげることを強調する。
☆足ぬき後ろまわりの時は、鉄棒についている方の足でしっかり鉄棒をけるようにさせる。

足ぬき前まわり

足ぬき後ろまわり

地球まわり

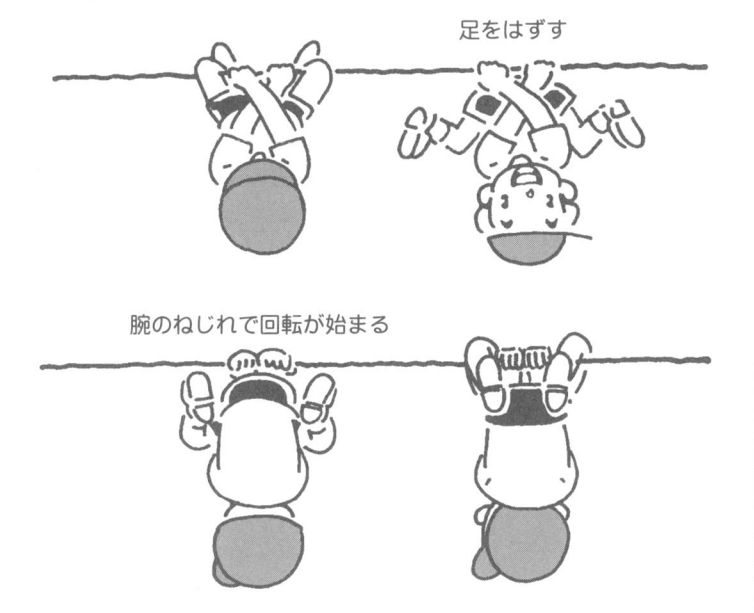

足をはずす

腕のねじれで回転が始まる

4 鉄棒遊び

鉄棒連続技モデル

ねらい 「鉄棒下での振り」「回転の連続」「上がる・下りる」などの技をつなぎ、工夫した連続技づくりができる。

対象年齢 低・中学年

人数 グループごとに取り組む

4 鉄棒遊び

やり方ルール

1. 各グループで話しあって、モデル例を選ぶ。
2. 決まったら、グループや個人でモデル例を練習する。
3. 練習の後、グループごとに発表する。

連続技モデル 例1

はじめます！　足かけあがり　足かけ後転

ふみこしおり

指導のポイント

連続した技の構成がうまくできるように、グループでよく話しあい、決めるようにさせる。

連続技モデル 例2

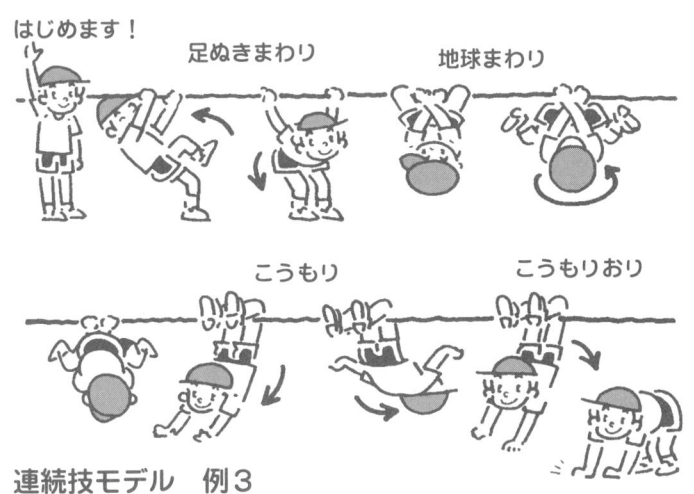

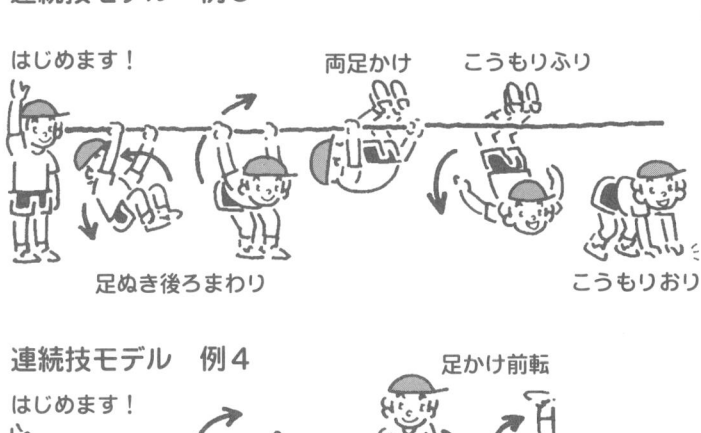

はじめます！　足ぬきまわり　地球まわり

こうもり　こうもりおり

4 鉄棒遊び

連続技モデル 例3

はじめます！　　　　　両足かけ　こうもりふり

足ぬき後ろまわり　　　　　　　こうもりおり

連続技モデル 例4

はじめます！　　　　　　　足かけ前転

足かけあがり

転向前おり

鉄棒発表会

ねらい 個人またはグループでつくった連続技を発表し、成果をみんなで確かめる。

対象年齢 低・中学年
人数 グループごとに取り組む

4 鉄棒遊び

やり方ルール

1. 発表会の日を決める。
2. グループで話しあった連続技と、個人のつくった連続技を発表する。
3. 次のような係を決める。
   進行係（2名）、記録係（2名）、審判（各グループより1名）、賞状係（各グループ1名）など。
4. 採点基準などを話しあって決める。

連続技づくり 例1

はじめます！　足かけあがり　足かけ後ろさがりおり　足ぬき前まわり　逆あがり　前まわりおり

指導のポイント

採点基準のポイント

①リズミカルに調子よくできたか。
②難しい技が入っていたか。
③前まわりと後ろまわりが組み合わさっていたか。
④フィニッシュは、きちんと止まっていたか。
　10点満点として、基準に達していなかったら減点していく。

連続技づくり 例2

はじめます！ 逆あがり 腕立て後転

前まわりおり

4 鉄棒遊び

連続技づくり 例3

はじめます！ 片足かけあがり 片足かけ後ろあがり

片足かけ後転 片足かけ前転 両足かけ後転おり

片足ふみとび遊び

ねらい
☆片足でふみきり、高くとんだり遠くへとんだりする。
☆空中でのポーズをいろいろ工夫して着地する。

5 とび箱遊び

対象年齢 幼児、低学年

人数 1グループ4～5人

用意するもの グループ数分の
とび箱　踏切板　マット　ゴムひも

やり方ルール

1. 2、3段くらいのとび箱を用意する。
2. 助走してきて、片足裏で強くふみきる。
3. とび箱の上に片足をついてふみこし、両足で着地する。
4. 慣れてきたら、遠くへとんでみる。
5. 空中でのいろいろな姿勢を工夫してとんだり、距離や高さを変えたりしてみる。
6. いろいろなおり方を工夫して着地する。

指導のポイント

空中でのポーズを変化させると着地が難しい時があるので、マットの上に安全に着地できるように補助してやるとよい。

片足ふみとびこし

片足ふみとび遊びのいろいろ

またぎこし

手たたきおり

ライダーキックおり

半回転とびおり

ゴムひもの高さをとぶ

5 とび箱遊び

両足ふみとび遊び

ねらい
☆両足でふみきり、ジャンプして、両手に体重をしっかりのせるタイミングをつかませる。
☆助走から着地までの一連の動きを総合的にとらえ、ふみきりと着手との関係をわからせる。

対象年齢 幼児、低学年
人数 1グループ4〜5人

用意するもの グループ数分のとび箱　踏切板　マット

やり方・ルール

1. 両足ふみとびで開脚のりをする。
   ①両足ふみきりの後、両手をついてまたがる。
   ②今度は手をできるだけ前方について、腰をあげてゆっくりまたがるようにする。
   ③おりる時は、手のひらに体重をのせて、とび箱を押すようにして腕で支える。この時、肩を前に送りだすようにして着地する。
   ④次に、助走から、腰を高くしてまたがり、着地したまま肩を前へ送りだして着地できるようにする。
2. ①〜④の要領で、両足ふみとびで閉脚のりをする。
3. 慣れてきたら、開脚とびこしや閉脚とびこしをする。

指導のポイント

☆最初に低いとび箱から始めれば、とびこせなくても足がつくので恐怖感をなくせる。
☆はじめはその場所からとぶようにして、だんだん2〜3歩助走をつけてとぶようにする。
☆腕の支持から重心を前に押しだしていく感覚をつかませる。

5 とび箱遊び

両足ふみとび（開脚のりから開脚おり）

両足ふみとび（閉脚のりから閉脚おり）

開脚とびこし

閉脚とびこし

5 とび箱遊び

馬とび遊び

ねらい
☆いろいろな馬とび・タイヤとびができるようにする。
☆馬とび・タイヤとびのいろいろなとび方を工夫することができる。

対象年齢 幼児、低・中学年

人数 1グループ4〜5人

用意するもの タイヤ（運動場にあるタイヤ）

5 とび箱遊び

やり方・ルール

1. 2人組になって馬とびをする。
2. とんだら今度は振りむいて反対からとぶ。
3. はじめは低い馬からはじめる。
4. だんだん馬を高くしてとぶ。
5. うまくとべるようになってきたら、連続した馬とび・タイヤとびをする。

ジャンケン馬とびをしよう

①2人組になってジャンケンをする。
②グーで勝ったら＝1回とぶ。
　チョキで勝ったら＝2回とぶ。
　パーで勝ったら＝3回とぶ。

指導のポイント

馬になる人は、しっかり両足をふんばり安定した馬をつくるとともに、あごを引いて頭を下げる。

2人組で馬とび

とんだら振りむいて反対から

低い馬からだんだん高くしていこう

連続馬とび・連続タイヤとび

ジャンケン馬とび

グーでかったら **1回とぶ**

チョキでかったら **2回とぶ**

パーでかったら **3回とぶ**

5 とび箱遊び

ひねり横とびこしほか

ねらい
☆強くふみきり、腰を高く引きあげて、第2次空間での表現としてのひねりを入れて、手のつきとの関係をわからせる。
☆手のつきにずれがあるので、左右の手のつきをとらえ、着手後の突き放しを強める。

5 とび箱遊び

対象年齢 幼児、低学年

人数 1グループ4～5人

用意するもの グループ数分のとび箱　踏切板　マット

やり方・ルール

1. 最初はマットの上で、川とびの練習をする。
2. 次に低いとび箱で、斜めや正面からの横とびこしの練習をする。
3. 腕立て横とびこしから、少しずつひねりを加えていくようにする。
4. 着地した時の足は、はじめのうちはとび箱の方へつま先が向くようにさせる。さらにひねりを加え、横向きに着地できるようにする。
5. 次にひねりのタイミングを少し早くして、十分に上体があがったところでひねるようにする。この時、片腕の突き放しが大切になる。
6. 腰やひざはまげたままでよいが、慣れてきたら腰を引きあげ、両腕に体重を乗せるようにする。

指導のポイント

とび箱の高さはあまり低くてもやりにくいので、楽に腰が引きあげられ、子どもが恐怖心をもたない程度の高さにするとよい。

腕立て横とびこし

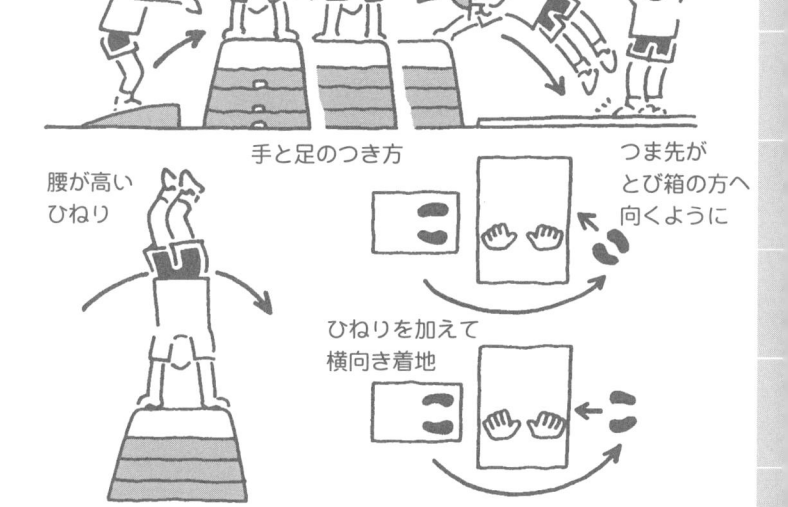

マットの上で川とび　　斜めからの横とびこし

正面からの横とびこし

腰を高くあげた横とびこし

ひねり横とびこし

腰が高いひねり

手と足のつき方

つま先がとび箱の方へ向くように

ひねりを加えて横向き着地

5 とび箱遊び

ホップ側転 ほか

ねらい
☆下半身をはねあげて、倒立経過の側転とびまで体を浮かせるジャンプの仕方をつかませる。
☆強くふみきり、腰を高く引きあげ、第2次空間の表現を大きくする。

5 とび箱遊び

対象年齢 中・高学年

人数 1グループ4〜5人

用意するもの グループ数分の とび箱 踏切板 マット

やり方 ルール

1. 最初はマットの上で、ホップ側転の練習をする。
2. 次にとび箱1〜2段を縦につないだ上から側転をし、着地に慣れさせる。
3. できるようになったら、踏切板の上から側転をする。片足ふみきりなので、片足が踏切板についている時、もう一方の足を振りあげて回転をつくる。
4. 台上で側転をしており時、残った方の手を突き放して着地するようにする。
5. 「側方倒立回転とび」は、強くふみきった後、片手ずつつき、片手ずつ突き放して横向きのまま着地する。顔は下を見る。

指導のポイント

足を振りあげて腰をのばすことや、残った腕を突き放すことを意識して指導する。

はじめはマットで練習しよう

低いとび箱で着地に慣れる

ホップ側転

側方倒立回転とび

5 とび箱遊び

じゃまじゃま サッカー遊び

6 ボール遊び

ねらい ディフェンスの空間をつくることによって、パスを工夫し、シュートにつなげるようにする。

対象年齢 幼児、低学年

人数 1チーム3人

用意するもの サッカーボール　ゴール　水線かラインカー

やり方 ルール

1. 1チーム3人。ゲーム時間は4分間。
2. 攻撃チームのボールでセンターサークルからゲームを始める。
3. 守備チームは、自分のチームのじゃまゾーンでしかボールを奪うことができない。
4. 攻撃チームは、相手のじゃまゾーンをこえてパスして、シュートすれば1点とする。
5. シュートが決まったら、攻守を交代してセンターサークルからまた始める。
6. 得点の多いチームの勝ち。

1対1ボール横どりシュートゲームをしよう

①1チーム5人。キーパーはなしとする。両チームから1人ずつ出てジャンケンをし、勝った人が最初にボールにタッチして攻め始める。

②ボールを取りあいながら、お互いに相手ゴールにシュートする。決まれば1点とする。

③シュートが決まったら、次の組と交代して続ける。

④5人全員がやり、得点の多いチームの勝ち。

じゃまじゃまサッカー

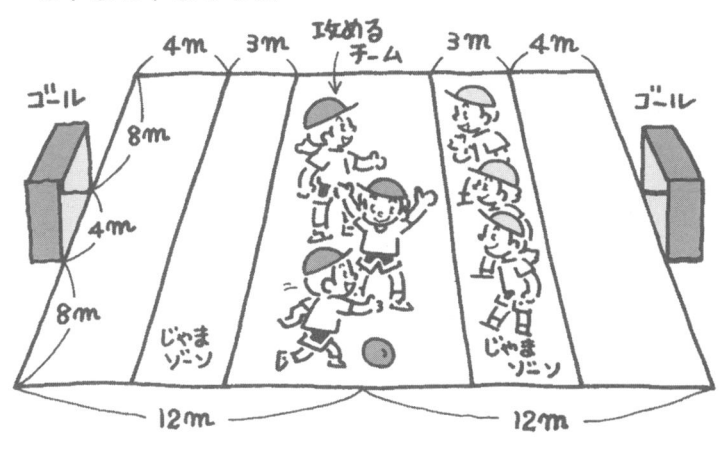

1対1ボール横どりシュートゲーム

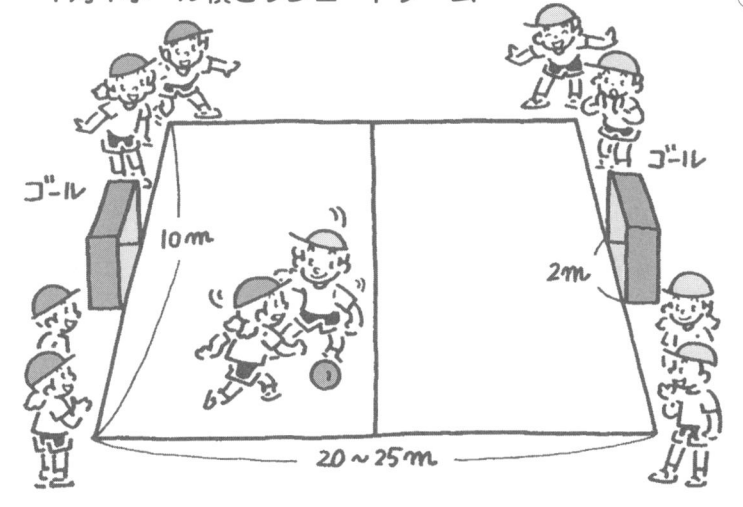

6 ボール遊び

指導のポイント

☆相手のじゃまゾーンをいかにかいくぐるかを工夫させる。

☆スルーパスなどを使って味方にパスし、シュートするコンビネーションプレーをゲームで使えるようにさせる。

ドリブル・パス遊び

ねらい ボール感覚づくりをしながら、ボールの動き、相手の動き、味方の動きの予測・判断能力を身につける。

6 ボール遊び

対象年齢 幼児、低学年

人数 1チーム4人

用意するもの サッカーボール　水線かラインカー

やり方ルール

1. 1チーム4人。ゲーム時間は3分間。
2. ゴールは使わない。
3. 図のようにコートを3つに分ける。
4. ジャンケンに勝ったチームのボールで始め、両端にわかれた味方にパスができれば1点とする。
5. 点が入ったら(パスが通ったら)、攻守を交代してその場からまた始める。
6. 得点の多いチームの勝ち。

パス練習をしよう

「受ける」「止める」「ける」等、パスやキャッチを基本としたパス練習をおこなう。

指導のポイント

☆作戦をチーム(4人)で工夫させる。
☆ドリブルでボールを移動しながら、相手の守りを集めたり引き離したりする。

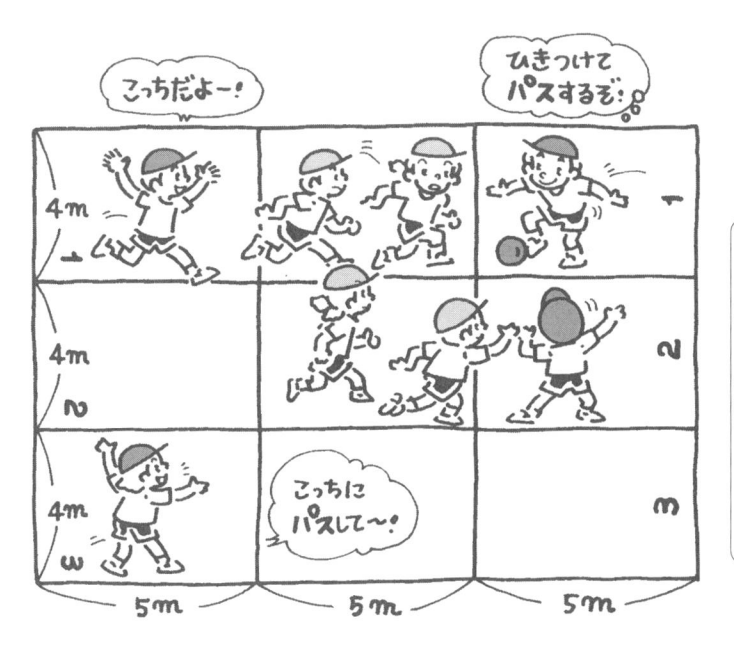

パス練習をしよう

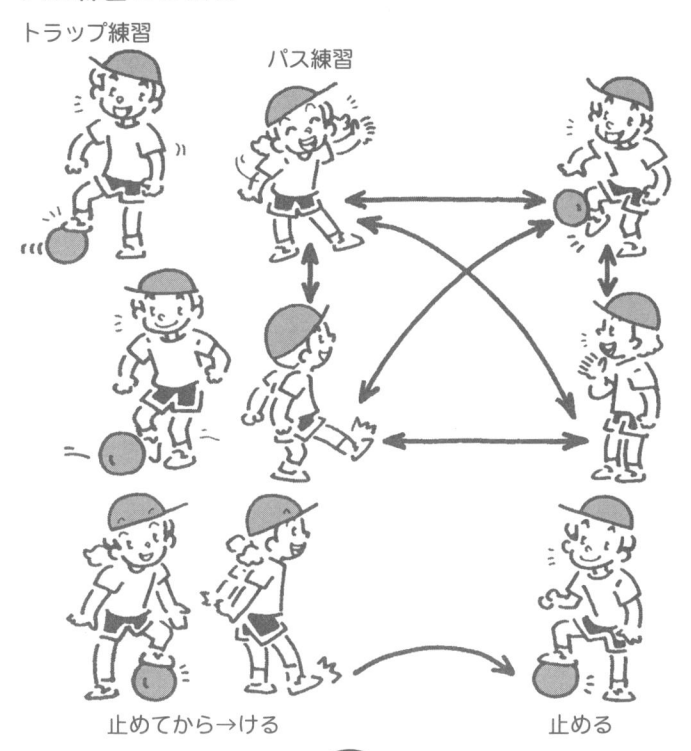

トラップ練習

パス練習

止めてから→ける　　　　止める

ラグサッカー遊び

ねらい みんなで協力して作戦を考え、パスをもらって足でシュートすることができるようにする。

6 ボール遊び

対象年齢 幼児、低学年

人数 1チーム4人

用意するもの サッカーボール　ゴール　水線かラインカー

やり方ルール

1. 1チーム4人。ゲーム時間は3分間。
2. ジャンケンに勝ったチームのボールで始める。
3. シュートだけは足を使い、あとは手を使ってもよい。
4. シュートが決まれば1点とする。
5. シュートが決まったら、攻守を交代してセンターサークルからまた始める。
6. 得点の多いチームの勝ち。
7. 少しずつサッカーのルールに近づけていき、手を使わずに足だけでできるようにする。

指導のポイント

この遊びはラグビー型サッカーの1つ。ボール操作の容易さを考えたもので、だれもが思いきりシュートの楽しさを味わえる。少しずつサッカーのルールに変えていくようにするとよい。

6 ボール遊び

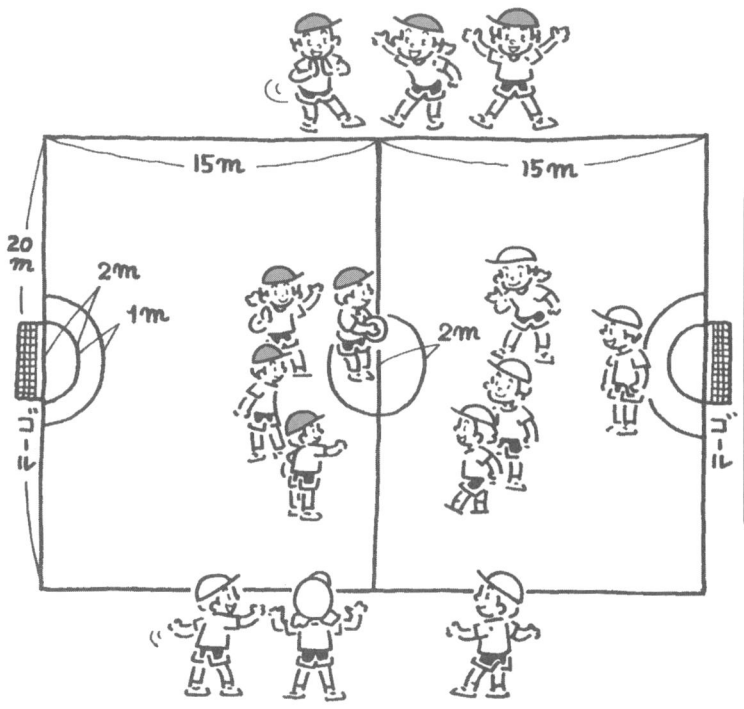

はじめは手に持ってドリブル。
シュートだけは足を使う。

だんだんサッカーのルールに近づける。足でドリブル。シュートも足で。

ワンベースボール遊び

ねらい ボールを手で打ったり足でけったりして、野球型のボール遊びができるようにする。

対象年齢 幼児、低・中学年

人数 1チーム5人くらい

用意するもの
ボール……ドッジボールくらいの大きさ
ベース……ホームと1塁
水線かラインカー

やり方ルール

1. ホームと1塁だけをつくり、2・3塁はつくらない。
2. ボールはドッジボール程度の大きさのものを使い、ホームベースに置く。
3. 1チーム5人くらいで、守備チームは図のようにグラウンドに散らばる。ピッチャーはなしとする。
4. 攻撃チームから1人ずつ出てボールを打つ。手で打ってもよいし足でけってもよい。
5. 打ったら1塁ベースに走る。1塁に着くまでにボールを当てられたりタッチされたりしたらアウトで、無事に1塁に着いたらセーフ。
6. 1塁に着いて、ホームに帰ってきたら1点とする。
7. 5人全員が打ったら交代する。
8. 得点の多いチームの勝ち。

指導のポイント

☆ボールを手で打つ時は、ベースの上に筒を置き、その上にボールをのせて打ってもよい。あるいはラケットやプラスチック製のバットなどで打ってもよい。また、打者によって打ち方を変えてもよしとする。

☆うまくなってきたら、ピッチャーに投げてもらって打ってもよい。

6 ボール遊び

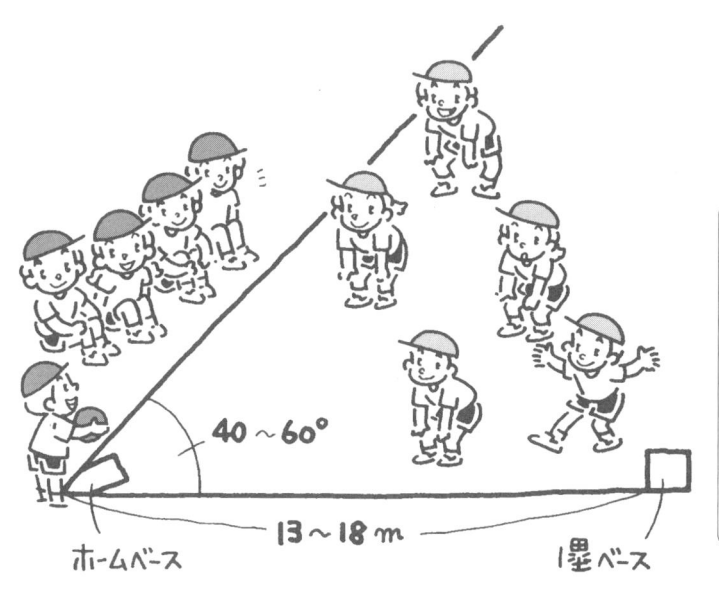

40〜60°
13〜18m
ホームベース
1塁ベース

手または足で打つ

ラケットやプラスチックの
バットで打ってもよい

アウト。
アウト
あーん！

セーフ
あ〜！
セーフ！

63

タッチ・ゲーム遊び

ねらい 動きながらボールを投げたり取ったりして、相手を攻めるゲームができる。

対象年齢 幼児、低学年　**人数** 1チーム4人

用意するもの ドッジボール　水線かラインカー

やり方・ルール

1. 1チーム4人。ゲーム時間は3分間。
2. 図のように3～5mの半円を書いて、これをゴールにする。
3. ジャンケンに勝ったチームが、味方ゴール内からボールを投げてゲームを始める。
4. ボールを持ってゴールに入るか、またはゴールにタッチした時に1点とする。
5. 点が決まったら、攻守を交代して味方ゴール内からまた始める。
6. 相手チームに体にタッチされたらボールをすぐに放す。この時、相手チームはボールを拾って攻撃に転じてよい。
7. 得点の多いチームの勝ち。

指導のポイント

チーム内でよく話しあうこと。攻めたり守ったりする役割を決め、作戦を考えて攻めることができるようにする。

半径3～5m
20m
ゴール
ゴール

6 ボール遊び

ボールを持ってゴールに入るか、またはゴールにタッチする

ゴール

ゴール

タッチされたらボールを放そう

タッチ！

あーあ…

十字おにごっこ

ねらい 鬼につかまらないようににげる(鬼は追いかける)ことによって、スピードをコントロールして走ったり止まったりできる予測・判断の力を身につける。

対象年齢 幼児、低学年
人数 5人～
用意するもの:水線かラインカー

やり方・ルール

1. 地面に「田」の字を書いて、鬼は十字の所に、他の人は外側の四角に入る。
2. 鬼は十字の所しか動けず、他の人は十字をとびこえて動かなくてはいけない。
3. 「1周」「2周」などと、鬼が回数を指示してスタート。
4. みんなは鬼に指示された回数をまわり始める。まわる方向は決めておき、同じ方向に走るようにする。
5. 鬼は、まわっている人にタッチしてつかまえる。つかまった人は鬼になるので、鬼がだんだん増えていく。
6. だれか1人でも鬼の言った回数をまわるか、逆に全員が鬼につかまったら、終わりにする。
7. 十字の外側に通路をつくるとさらにスリルがあっておもしろい。

手つなぎおにごっこをしよう

①鬼を1人決める。
②鬼につかまったら鬼と手をつなぎ、にげる人を追いかける。にげる人が最後の1人になるまで追いかける。
③鬼が4人になったら2人ずつの組になって追いかけるようにすると、スリルがでておもしろくなる。

指導のポイント

「タッチされたら鬼を交代する」「タッチされたら外に出る」など、ルールをみんなで考えて工夫させる。

十字おにごっこ

スタート

2m 1m 2m

2m

1m

2m

タッチ！

↓

十字の外側に通路を
つくってみよう

スリルがでておもしろいよ！

手つなぎおにごっこ

7 陸上遊び

コーンまわり走

ねらい いろいろなコーンのまわり方を工夫して、リズミカルに走ることができるようにする。

対象年齢 幼児、低学年

人数 1チーム5人くらい

用意するもの コーン12本　水線かラインカー

7 陸上遊び

やり方ルール

1. だいたい3通りの距離になるようにコーンを置く。
2. コーンには、近い方から順に1点・2点・3点と点をつけておく。
3. 各チームから1人ずつ出て、円からスタートする。自分はどのコーンをまわるかを前もって決めてから走る。コーンは必ず①②③の3つを1つずつまわってくること。
4. 他の人は円の外に並び、次に走る人が円内で待つようにする。
5. 円に戻ったら次の人が走る。
6. 戻ってきた順に1位・2位・3位とする。

指導のポイント

チームを変えたり走り方を工夫させたりして、コーンをまわる時のスピードコントロールを身につけさせるようにする。

7 陸上遊び

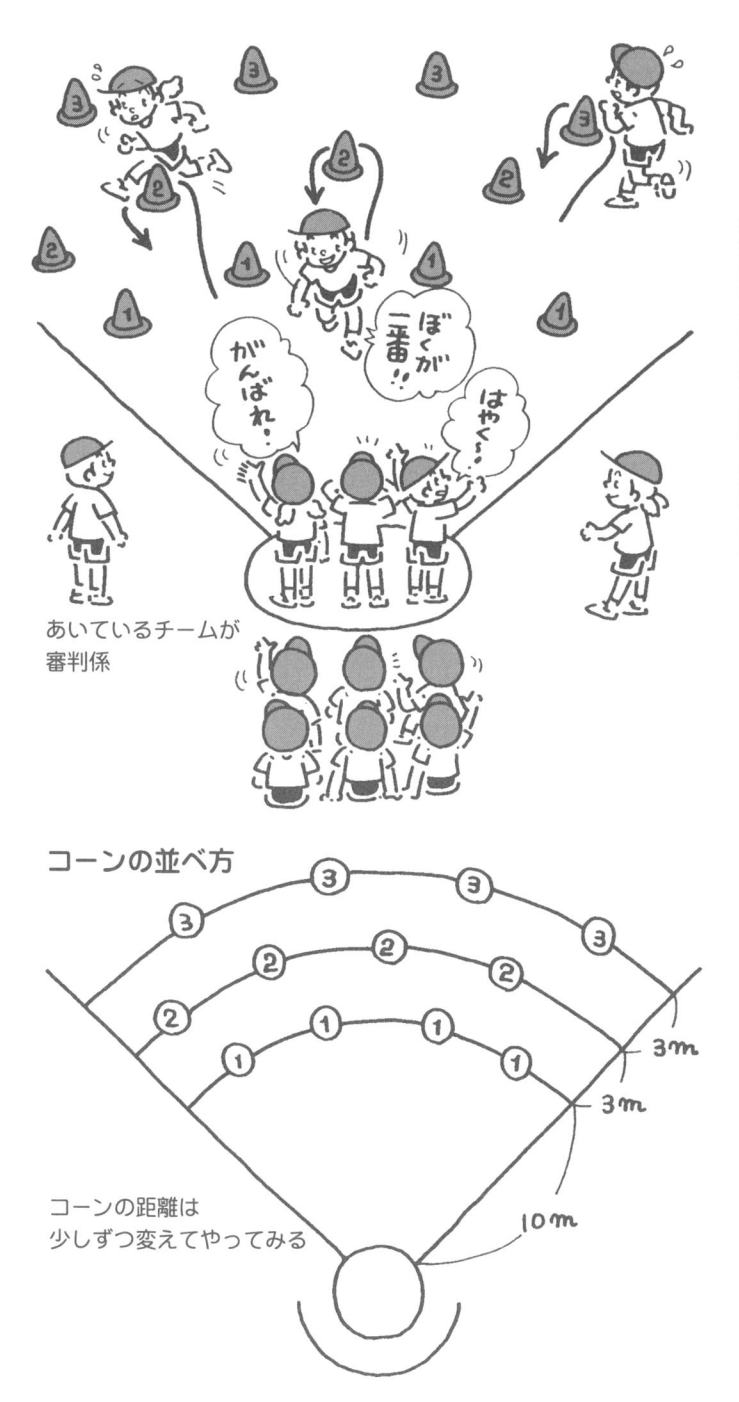

あいているチームが
審判係

「ぼくが一番!!」
「がんばれ!」
「はやく…」

コーンの並べ方

コーンの距離は
少しずつ変えてやってみる

3m
3m
10m

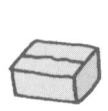

ジグザグダンボール走

ねらい ダンボール箱をこえる時の走り方やとび方を工夫し、リズムをとったり体をコントロールしたりする力を身につける。

対象年齢 幼児、低・中学年

人数 1チーム5人くらい

用意するもの ダンボール箱（1チーム4個）　コーン　水線かラインカー

7 陸上遊び

やり方ルール

1. ダンボール箱をチームごとに均等の位置に4つ置く。
2. まずは練習として、ダンボール箱をリズミカルに連続してとびこえ、コーンをまわって戻ってくる。
3. スタートラインに戻ったら次の人がスタートする。
4. 各チームで練習した後、リレーゲームをする。
5. 早く全員が走り終わったチームから順位をつける。
6. いろいろなコースを工夫して走ってみるとよい。

ダンボールのとび方

片足で着地

指導のポイント

ダンボール走に慣れてきたら、いろいろなコースでやってみる。

約20m

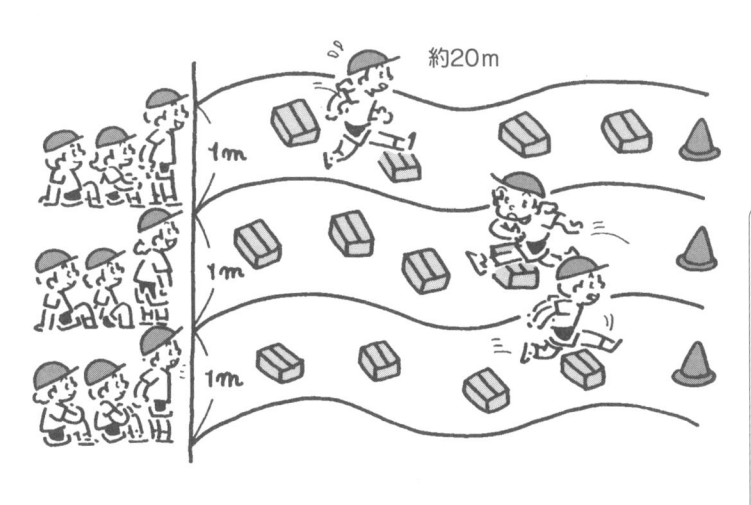

7 陸上遊び

ダンボールの置き方を変えてみよう

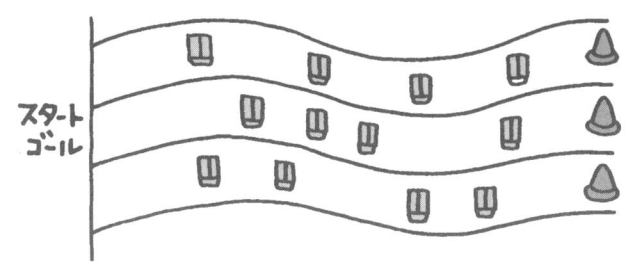

スタート
ゴール

まわってくるコースをつくろう

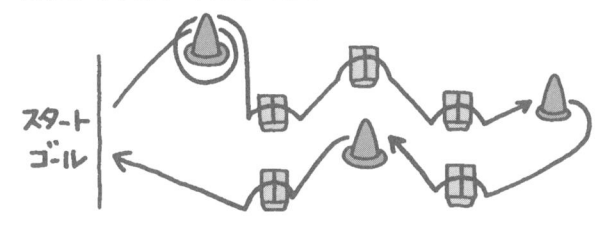

スタート
ゴール

ダンボールを2つつなげて
とんでみよう

4〜5m　　4〜5m

71

的投げ遊び

ねらい 腰を軸にした回転と、上体のひねりを使った投げ方を工夫する。

対象年齢 幼児、低学年

人数 1チーム4〜5人

用意するもの タイヤ（ゴムホースの中に砂を入れ、テープでまいたもの）　水線かラインカー　的としてダンボールなど

7 陸上遊び

やり方 ルール

1. 地面に図のような的を書き、場所によって点をつける。
2. 片手でタイヤを持ち、的をねらって線からタイヤを投げる。腰を軸にして、上体をうまくひねって投げるようにする。
3. タイヤが止まった所の点数が得点となる。
4. 1人ずつ投げて、チーム全員が投げ終わってからタイヤを取りにいく。
5. 合計得点の多いチームの勝ち。
6. いろいろな点数の配置を工夫してやってみる。

タイヤの投げ方

指導のポイント

当てやすい的は遠くに置くとよい。ねらいをコントロールしながら、より遠くへ投げられる場が設定できる。

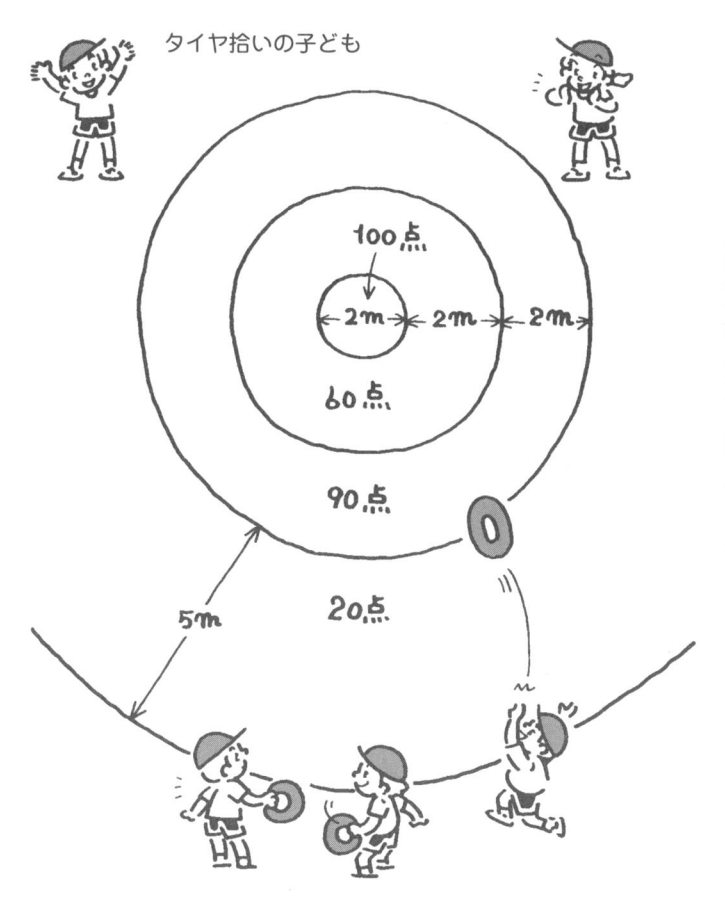

7 陸上遊び

タイヤ拾いの子ども

100点
←2m→←2m→←2m→
60点
90点
5m
20点

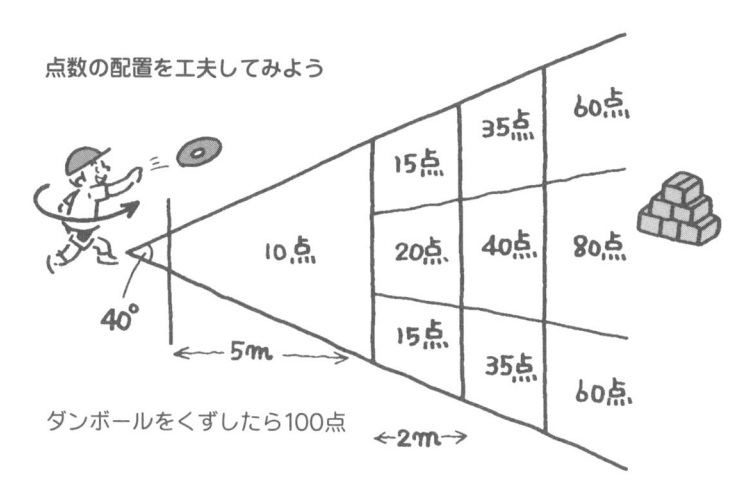

点数の配置を工夫してみよう

60点
35点
15点
10点 20点 40点 80点
15点
35点 60点

40°
←5m→
←2m→

ダンボールをくずしたら100点

もうじゅうがり遊び

ねらい 走ったり、とんだり、くぐったり、投げたりなど、複合的な能力を身につける。

対象年齢 低・中学年

人数 1チーム4～5人

用意するもの ダンボール　平均台　ボール　短なわなど　水線かラインカー

7 陸上遊び

やり方 ルール

1. これまでに紹介した陸上遊びなどを組み合わせて、いろいろなコースをつくり、走ってみる。
2. 次に紹介するのはその1例なので、さまざまな組合せを考えるとよい。

もうじゅうがりコースの例
① ダンボール走
② ジグザグ走
③ グルグル走
④ ケンパとび
⑤ 平均台
⑥ 川とび
⑦ もうじゅうがり
の順番に走る。

指導のポイント

これまでにやったものを工夫して、リズミカルに全員がとぶことができるようにする。

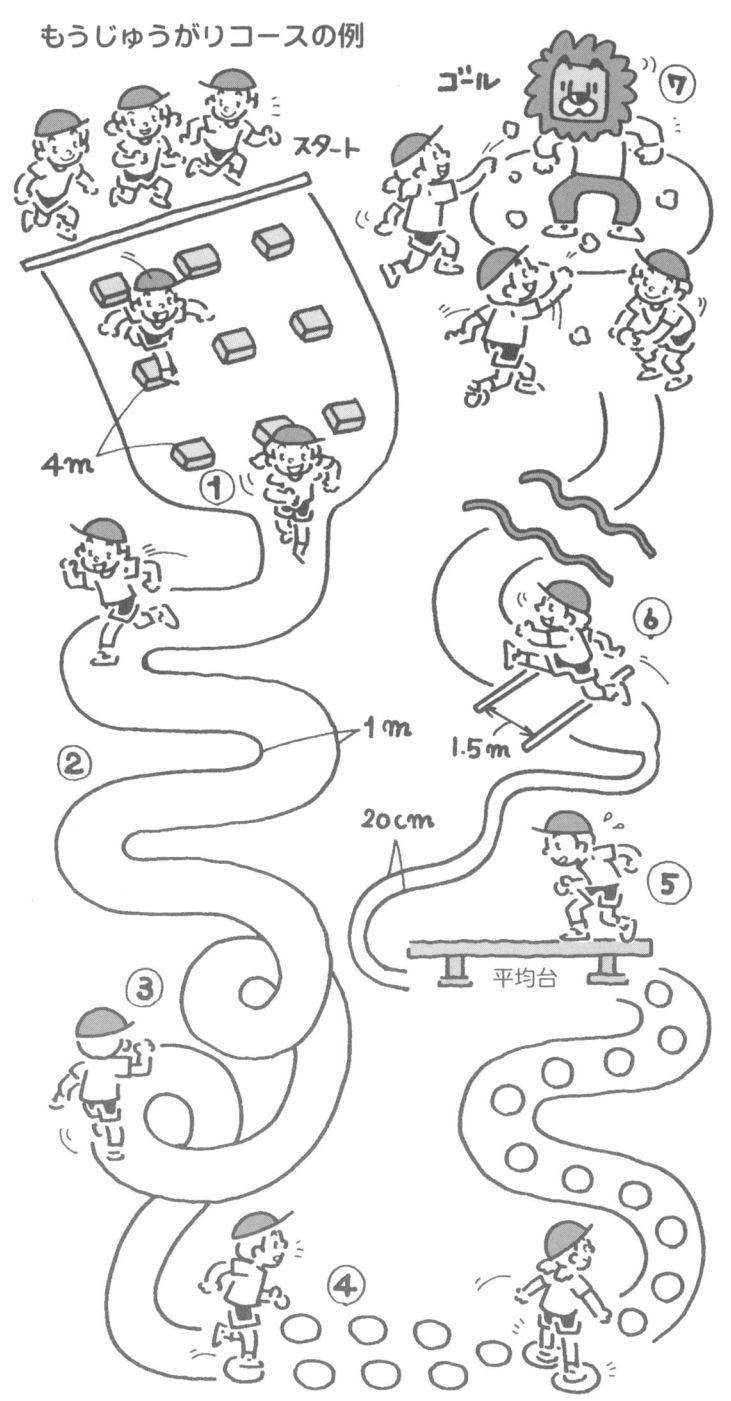

もうじゅうがりコースの例

スタート
ゴール
4m
① ② ③ ④ ⑤ ⑥ ⑦
1m
1.5m
20cm
平均台

7 陸上遊び

水中呼吸法

ねらい 腕を水面に浮かべて、腕と呼吸の協応動作を身につける。

対象年齢 全学年

やり方・ルール

1. プールの壁にお尻をつけて、しこ立ちの姿勢をとる。
2. 「イチ・ニイ」は腕の力をぬいて、手を水に浮かべる。目は足元を見るようにする。
3. 「サァーン」でゆっくり顔をあげる。
4. 「パッ」でまとめて息を吐く。同時に、ゆっくり手で水を押さえる。
5. 「ポチャン」で手を元にもどす。

伏し浮きでやってみよう

1. 「イチ・ニイ」は体の力をぬいて伏し浮き姿勢をとる。目はプールの底を見る。
2. 「サァーン」でゆっくり頭をおこし、親指が見えたら水を押さえ始める。
3. 「パッ」で水を押さえ、息つぎをする。
4. 「ポチャン」で沈む。肩とお尻が水面に出てくるのを待ってから立つ。

指導のポイント

☆腕をかかないで顔だけあげてしまう場合は、子どもの前に立ち、手のひらを持ってあげて呼吸させる。腕と呼吸のタイミングを教える。

☆呼吸する時に胸のあたりまで水の上に出してしまう場合は、水面すれすれのところで呼吸することや、首の上下動だけで呼吸するように意識させる。肩を押さえてやって呼吸させることも有効である。

☆「ポチャン」では、腕の力をぬくことを意識させる。

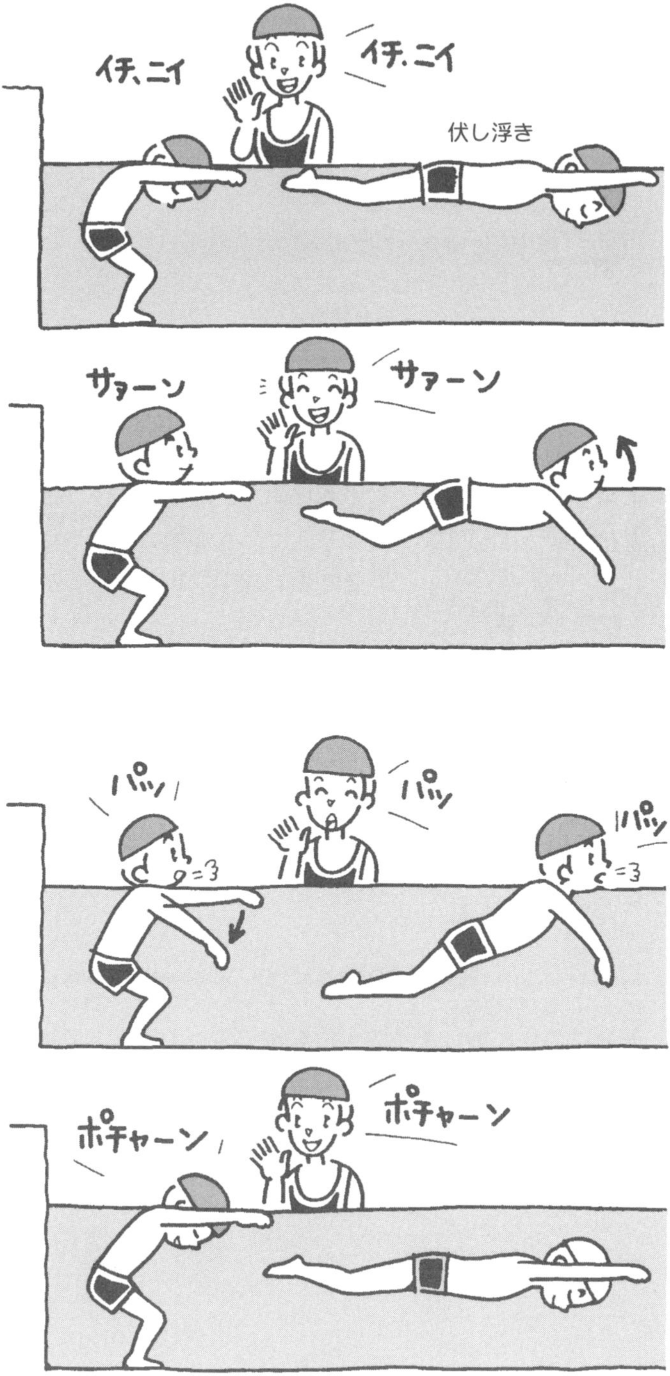
イチ、ニイ
イチ、ニイ
伏し浮き
サァーン
サァーン
パッ
パッ
パッ
ポチャーン
ポチャーン

おじぞうさんごっこ

ねらい 息を止めて、まとめて「パッ」と吐く呼吸のリズムを身につける。

対象年齢 幼児、低学年

人数 2人1組　1グループ4〜5人

やり方・ルール

1. 2人が向かいあって、1人が自分の好きな格好のおじぞうさんになる。
2. もう1人が、笛の合図でおじぞうさんに水をかける。
3. おじぞうさんになっている人は、水が顔にかかったらまとめて「パッ」と息を吐き、顔にかかっている水を吹きとばす。
4. 3を連続してできるようにする。
5. 交代して続ける。

グループでやってみよう

1グループ4〜5人で、いっせいにおじぞうさんに水をかける遊びもやるとおもしろい。

指導のポイント

最初は先生がおじぞうさんになってやってみる。できるだけたくさん水がかけられるように工夫させる。

笛の合図でスタート

顔に水がかかったら パッ

パッ

グループでやってみよう

最初は先生が
おじぞうさんに
なってやろう

8 水遊び

十字浮き遊びほか

ねらい 全身の力をぬいて、いろいろな浮き方を工夫し、自分の体が水面に浮きあがる感じをつかむ。

対象年齢 低・中学年

人数 1グループ4～8人

やり方ルール

4人十字浮き

1. 4人が手をつないであおむけに浮く。
2. 声をかけあいながら数秒間浮くことができるようにする。
3. 発展形として、足つなぎバージョンもできるようにする（足つなぎ浮き）。

メリーゴーランド

1. 最初は4人グループで円になり、手をつなぐ。交互に赤白を決めておく。
2. 左（または右）まわりに歩き、「赤」と言ったら赤の人があおむけにねる。歩いている白の人は、手を少し上に引っぱるようにして歩く。
3. ねている人は、力をぬいて腰を水に浮かせる。
4. これを交互に続けてやる。6人グループや8人グループへと人数を増やしていくとおもしろい。
5. 歩く人はしだいに早く走り、スピードがついた頃、いっせいに手を放す。
6. その他いろいろな浮き方をグループで工夫する。

指導のポイント

グループで協力して、いっせいに声をかけあい、タイミングをとってできるようにする。

8 水遊び

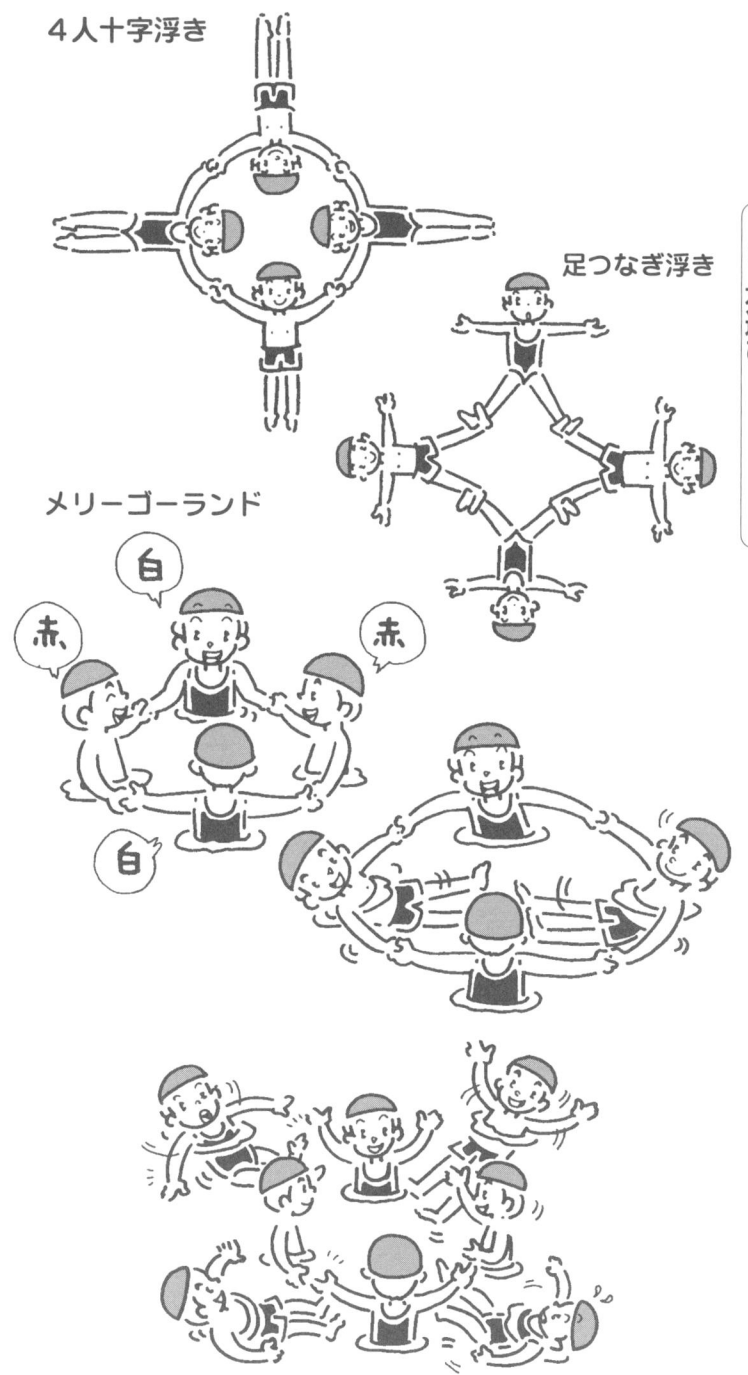

4人十字浮き

足つなぎ浮き

メリーゴーランド

白
赤
赤
白

8 水遊び

もぐりおにごっこ

ねらい 水の中で息を止めて、顔をあげて呼吸できる。

対象年齢 幼児、低学年

人数 1グループ7～8人

やり方・ルール

1. 最初は先生が鬼になる。
2. 笛の合図でスタート。鬼はにげる人にタッチしていく。
3. 鬼につかまった人は、頭まで水の中にもぐる。
4. 鬼につかまりそうになっても、口が水につくまでしゃがんでいればつかまらないことにする。
5. 制限時間を決めてやるか、または鬼が全員をつかまえるまでやる。
6. 鬼を、先生からやりたい子どもに替えていくようにする。
7. 鬼の人数を少しずつ増やしていくと、動きが活発になっておもしろい。

指導のポイント

つかまりそうになって夢中でにげたりしているうちに、口まで水までつかっても平気になる。自然に水に慣れさせるようにする。

8 水遊び

8 水遊び

鬼の人数を増やしてやってみよう

ドル平で泳ごう

ねらい 手足と呼吸の協応動作を身につけ、ゆっくりとしたドル平で泳げるようにする。

対象年齢 全学年

8 水遊び

やり方 ルール

1. 「のびてー」では、体の力をぬいて、伏し浮き姿勢をとる。
2. 「スー」でゆっくりアゴをあげる。
3. 親指が見えたら水を押さえ、「パッ」で息つぎをする。
4. 息つぎの後は、すぐにアゴをひいてプールの底（おへその方）を見る。足の甲で軽く「トーン・トーン」と2回水を打つ。
5. 1〜4を繰り返す。

指導のポイント

ドル平で泳ぐためには、次の4つのポイントが大切になる。
① 「パッ」とまとめて息を吐く。
② 「スー」の時にゆっくりアゴをあげる。
③ 「パッ」の後、おへその方を見る。
④ 全体にかかわって、肩や腕の力をぬく（脱力）。
補助者は、「トーン・トーン・スー・パッ」のリズムを子どもの前に立って言う。息つぎが困難な子どもに対しては、手をかく時に軽く手のひらを支えてやると効果的。

けのびでのびをとりながら

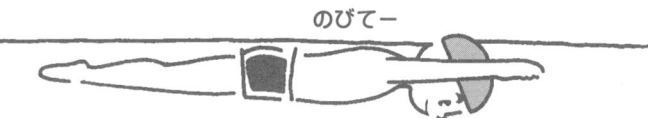

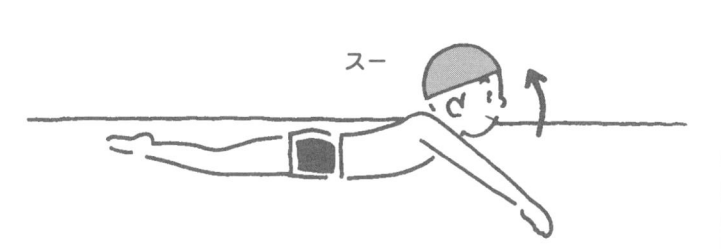

のびてー

スー

パッ

トーン・トーン

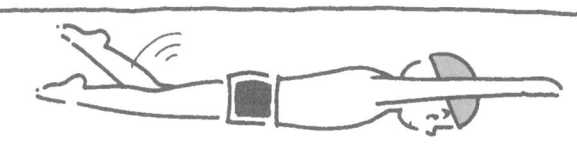

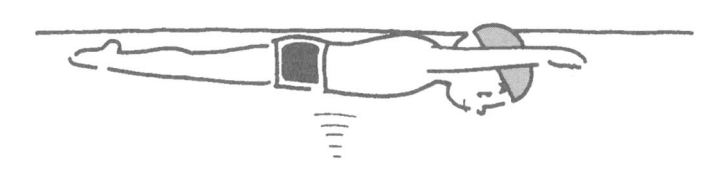

8 水遊び

短なわ遊び①

ねらい
☆なわに慣れ、手と足の協応動作がリズミカルにできるようにする。
☆とびのリズムとなわのリズムをあわせることができる。

対象年齢 幼児、低・中学年

用意するもの 短なわ

やり方・ルール

1 まねっことび
①なわを両手に1本ずつ持って振りまわしながら、1人なわとびのようにしてとぶ。
②普通のなわとびのようになわをくぐったりしない。

2 まねっこかけ足とび
①ゆっくり走りながら、左右のなわを手首を使って同時にまわす。
②慣れてきたら、なわが手前の地面にきた時に、きき足をなわより前に出して、そのタイミングをつかむようにする。走りながら続けて何回もできるようにする。

3 かけ足とび
①ゆっくり走りながら、なわをまわすリズムをつかむ。
②はじめは、2～3歩に1回とべるようにする。
③なわとびらしいリズムができたら、1歩に1回のリズムに変えてとぶようにする。リズムがつかめてきたら、走る早さを強めていく。

4 その他、いろいろなとび方をしてみる。

指導のポイント

かけ足とびは、走る早さがはじめから早くならないようにして、走るリズムにあわせてなわを送れるようにさせる。

まねっことび　　　　まねっこかけ足とび

9 なわとび・すもう遊び

かけ足とび

いろいろなとび方をしよう

その場とび　　　　　　片足とび

後ろ両足とび 　　　　　交差とび

短なわ遊び②

ねらい 短なわを使って、空間での身体支配とバランス感覚を身につける。

対象年齢 低・中学年

用意するもの 短なわ

9 なわとび・すもう遊び

・やり方・ルール

1 短なわ引き
①2人が向かいあい、1本の短なわの端を片手で持つ。
②お互いに引きあう。手を放したり足が動いたりしたら負け。

2 S字引き
①2人が向かいあい、1本の短なわ(長なわでもよい)の端をそれぞれの腰に巻く。
②お互いに引いたりゆるめたりして、相手のバランスをくずす。足が動いたりしたら負け。

3 2本なわ引き・3本なわ引き
①2人が向かいあい、2本の短なわの端を持つ。
3本なわ引きの時は、3人が向かいあい、両手に短なわの端を持つ。
②お互いに引きあう。手を放したり足が動いたりしたら負け。

4 リンボーダンス
①上体を後ろに反らせてなわの下をくぐる。
②なわの高さを徐々にさげておこなう。

5 なわふみおにごっこ
にげる人は手になわを持って走り、鬼はタッチの代わりになわをふむ。なわをふまれたら鬼は交代する。

── 指導のポイント ──

いろいろななわ遊びを工夫して、楽しいゲームにしていくとよい。

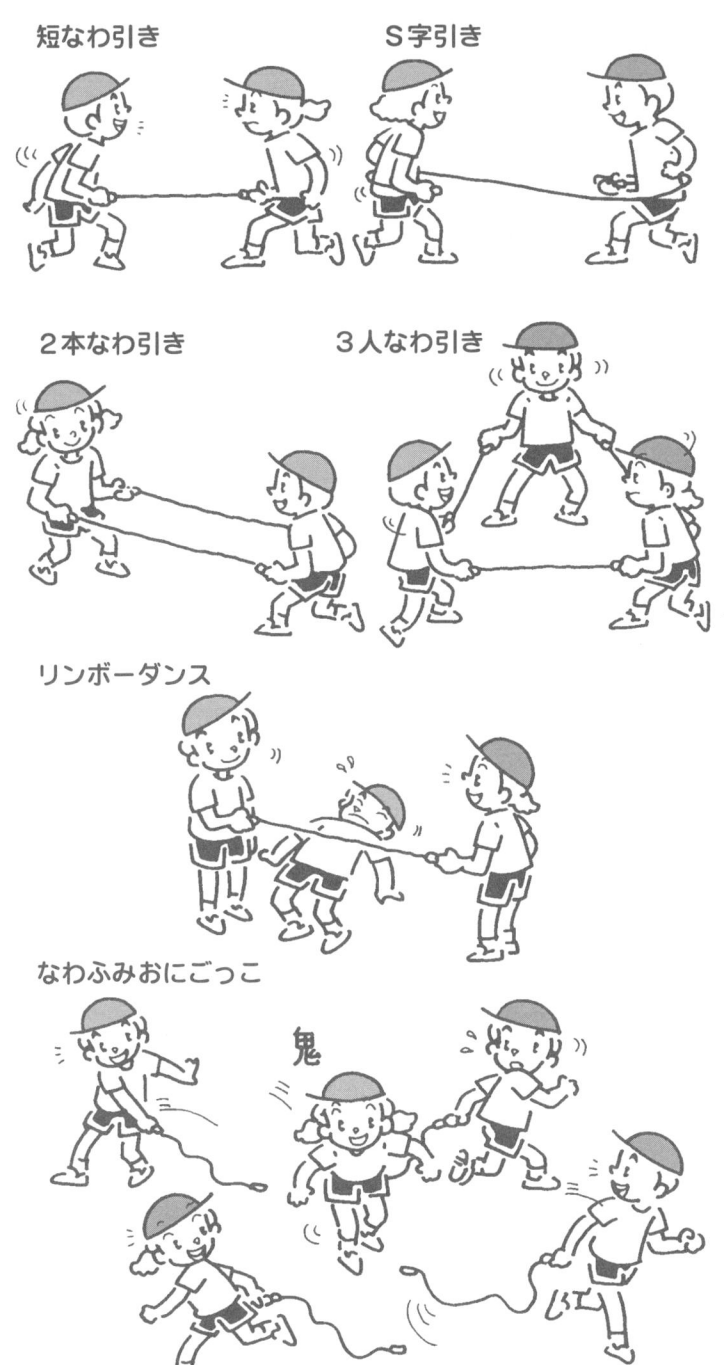

短なわ引き　　　　　S字引き

2本なわ引き　　　　3人なわ引き

リンボーダンス

なわふみおにごっこ

鬼

9 なわとび・すもう遊び

長なわ遊び

ねらい
☆長なわを2人で持ち、もう1人がなわのリズムにあわせて中に入ってとんだり外へ出たりするタイミングをつかむ。
☆長なわのまわっているリズムにあわせて、タイミングよく連続してとべるようにする。

対象年齢 全学年

用意するもの 長なわ

やり方・ルール

1 大波小波

①最初は先生がなわの片方を持ってやって、子どもの早さにあわせて振る。
②慣れてきたら、「大波小波、くるりとまわして猫の目」などという歌にあわせて、10回くらいできるようにする。
③今度は、外から波の中へ入って、外へ出ることができるようにする。

2 長なわとび

①とんでいる途中で波を大まわしにする。この時、なわをまわす人は、とんでいる人のリズムをくずさないようにする。最初は先生がなわの片方を持ってやるとリズムがつかみやすい。
②とぶ人がその場とびをするのと、まわす人がまわしはじめるタイミングを同時にするようにする。
③慣れてきたら、はじめから大まわしにして、まわっているなわに引っかからないでくぐりぬけさせる。
④今度は、まわっているなわへ外から入りこんで、その場とびをして、外へ出られるようにする。

指導のポイント

歌などにあわせてやるとリズムがとりやすくなる。

9 なわとび・すもう遊び

大波小波

先生が片方を持って練習

外から波の中へ入って外へ出る

長なわとび

入る

その場とび

外へ出る

すもう遊び

ねらい 相手と押しあいをすることにより、空間での身体支配とバランス感覚を身につける。

対象年齢 低・中学年　**人数** 2～10人

用意するもの 水線かラインカー

やり方・ルール

1 2人組ずもう
①2人が四つに組む。ズボンはつかまない。
②投げ技はなしで、押しあったりする。
③土俵から出たら負け。

2 2人組背中ずもう
①2人が背中あわせに腕を組む。
②ひねり技はなしで、押しあう。
③土俵からでたら負け。

3 4～5人背中ずもう
①4～5人が背中あわせに腕を組む。
②ひねり技はなしで押しあう。
③最初に土俵から出た人の負け。

4 片足ケンケンずもう
①2人が片足で立ち、腕組をして向かいあう。
②手は使わず、ケンケンしながら体をぶつけあう。
③あげている足をついたり土俵から出たら負け。

5 陣とりずもう
①1チーム4～5人で、2チームの紅白戦とする。
②全員がコートに入り、相手チームの人と2人組になり、四つに組む。
③いっせいにすもうを始め、相手をコートから押し出したりしながら相手陣地に向かう。
④相手陣地に入ったら勝ちとする。

2人組ずもう

2人組背中ずもう

4～5人背中ずもう

片足ケンケンずもう

陣とりずもう

陣地　　　　　　　　　　　　　　　陣地

9 なわとび・すもう遊び

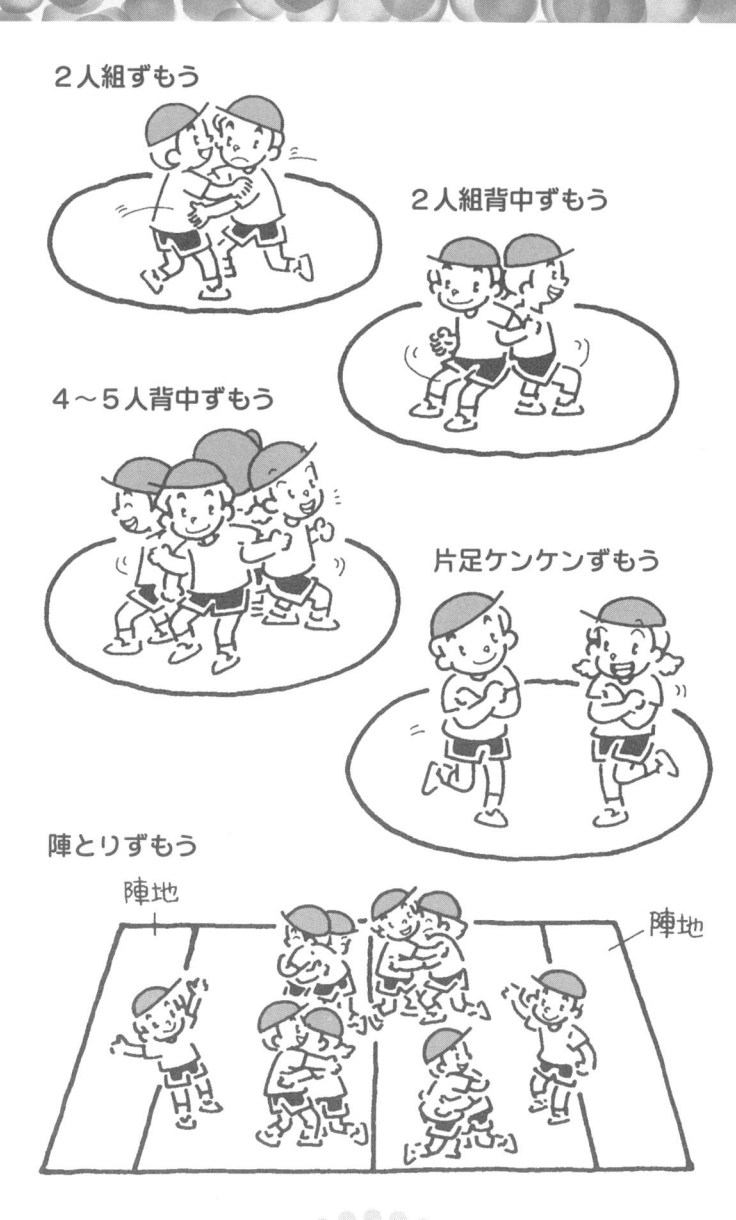

―― 指導のポイント ――

陣とりずもうは、押しあいずもうの発展としてゲーム化して取組む。人数を倍にして、作戦を立ててやるとおもしろい。

バランスくずし遊び

ねらい 2人組や3人組での押しあい・引きあいを通して、空間での身体支配とバランス感覚を身につける。

対象年齢 低・中学年　　**用意するもの** 丸棒　短なわ

やり方・ルール

1 両手押しあい
①2人が向かいあい、両手のひらをあわせる。
②両手で押しあい、足が動いたら負け。

2 しゃがみ押しあい
①2人がしゃがんで向かいあい、両手のひらをあわせる。
②両手で押しあい、足が動いたりお尻がついたりしたら負け。

3 綱引きあい
①2人が向かいあい、綱の端を持つ。
②綱を引いたりゆるませたりして相手のバランスをくずす。足が動いたら負け。

4 3人組バランスくずし
①3人が向かいあい、両隣の人と手をつなぐ。
②押したり引いたりし、足が動いたら負け。

5 3人組棒バランスくずし
①3人が向かいあい、両手に棒の端を持つ。
②棒を使ってバランスくずしをし、足が動いたら負け。

指導のポイント

いろいろなバランスくずしを工夫させる。なわや棒などを使い、勝敗の決め方やルールなどを考えてゲーム化していくようにする。

9 なわとび・すもう遊び

両手押しあい

しゃがみ押しあい

9 なわとび・すもう遊び

綱引きあい

3人組バランスくずし

3人組棒バランスくずし

編著者紹介

<ruby>黒井信隆<rt>くろい のぶたか</rt></ruby>

1949年生まれ
大阪府東大阪市立大蓮小学校教諭
学校体育研究同志会会員　大阪保育研究所研究員

著書

『体育遊び・ゲーム ワンダーランド』『体育遊び・ゲーム ワンダーランドPart.2』
『水遊び＆水泳 ワンダーランド』『まるごと小学校運動会BOOK』
『体育・スポーツ おもしろなぜなぜランド』（いかだ社）
『子どもを伸ばす形成的評価』『体育のめあてを生かす授業と評価』（日本標準）
『教育実践事典』（労働旬報社）
『幼児・学童期の運動あそび』（フォーラム・Ａ）
雑誌『楽しい体育・スポーツ』（創文企画）
雑誌『スポーツのひろば』（新日本スポーツ連盟）
などに執筆

イラスト●種田瑞子
ブックデザイン●渡辺美知子デザイン室

すぐできる！クイック体育遊び＆体ほぐし

2004年3月12日　第1刷発行
2009年3月12日　第4刷発行

編著者●黒井信隆©
発行人●新沼光太郎
発行所●株式会社いかだ社

〒102-0072 東京都千代田区飯田橋2-4-10 加島ビル
TEL 03-3234-5365　FAX 03-3234-5308
振替・00130-2-572993
印刷・製本　株式会社ミツワ

乱丁・落丁の場合はお取り換えいたします。
ISBN978-4-87051-147-7